Noor van Haaften

Das Kästchen im Kleiderschrank

Über die Autorin

Noor van Haaften, Jahrgang 1948, ist bekannt durch ihre zahlreichen Buchveröffentlichungen und Vortragsreisen. Die Niederländerin war in der christlichen Studentenarbeit in Österreich sowie als Moderatorin und Regisseurin beim niederländischen R/TV Sender EO tätig. Sie lebt in den Niederlanden.

Noor van Haaften

Das Kästchen im Kleiderschrank

und andere Erlebnisse, die das Herz bewegen

GerthMedien

Inhalt

Vorwort 7

In Dublin's fair city 9

Treu in guten wie in bösen Tagen 13

Das Leben feiern 17

Erdbeben in der Nacht 19

Von Gott gekannt 25

Das Kästchen im Kleiderschrank 29

Kennen wir die? 35

Eine besondere Unterkunft 41

Ein neues Lied 49

Der Viadukt-Mann 55

Von Liebe umgehauen 61

Engel zu Besuch? 65

Nicht gelesen, nicht gelebt 71

Immer gespannt auf das, was Gott vorhat 77

Der nette Nachbar 81

Glückselig die Sanftmütigen 87

Das Zeltmeeting 91

Oma und ich 97

Groß gedacht 101

Dolores 107

Zuerst danken wir 111

Muffin 117

Von allen vergessen 123

Sorella Eleonora 127

An der Küste Donegals 133

Der Viadukt-Mann, Teil 2 137

Vorwort

Ein Kästchen im Kleiderschrank: Das hört sich geheimnisvoll an, als hätte man dort einen Schatz verborgen. Nun, in der betreffenden Geschichte stellt sich heraus, dass es tatsächlich um einen Schatz geht, den ein Ehepaar im Lauf der Zeit zusammensparte und versteckte, weil die Partner einander etwas Gutes tun wollten.

Dieses Geschichtenbuch enthält einen Schatz in der Form einzelner Geschichten, die ich über einige Jahre gesammelt habe. Es sind Geschichten von Erlebnissen während meiner Vortragsreisen, im Urlaub oder auch in meinem direkten Umfeld, zu Hause oder bei Freunden in den Niederlanden.

Auffallendes, das nachdenklich macht oder über das man sich amüsiert, geschieht eigentlich überall, man muss nur aufmerksam sein. Wer das Gesehene oder

Entdeckte behalten will, schreibt es auf. Für sich selbst oder auch für andere. Das Letztere habe ich nun getan und ich hoffe, dass Sie in diesem Buch kleine Schätze finden werden, die Ihnen guttun.

Noor van Haaften, 2015

1 In Dublin's fair city ...

Es ist Sommer. In einer lebhaften Einkaufsstraße in Dublin spielen junge Musiker irische Musik. Neben Querflöte, Gitarre, Banjo und Violinen erklingen die typisch irischen Instrumente Bodhrán (eine Handtrommel) und Tin Whistle (die keltische Flöte). Die offenen Instrumentenkisten vor den Musikern laden die Vorübergehenden dazu ein, Geld einzuwerfen.

Das Wetter tut den Musikern gute Dienste. Es ist sonnig, die Straßencafés sind voll besetzt. Oben, auf dem Balkon eines Pubs, lehnen sich die Menschen über die Brüstung, um von dem Schauspiel nichts zu verpassen. Die Kellner haben alle Hände voll zu tun, denn jeder will schnell sein Guinness-Bier.

Immer mehr Menschen versammeln sich um die Musiker. Die Musik ist fröhlich, sie steckt an. Hier und da bewegen sich ein Fuß oder ein Körper im Rhythmus der Musik. Einige Touristen machen Fotos.

Dann sehe ich sie. Eine Frau mittleren Alters mit kurzgeschnittenem, gefärbtem Haar, dunkler Sonnenbrille, städtischer Kleidung, silbergrauen Schuhen und zwei riesigen, bis zum Rand gefüllten Einkaufstaschen. Sie sieht müde aus: Wahrscheinlich hat sie einen intensiven Einkaufstag hinter sich und ist jetzt unterwegs nach Hause. Als sie die Musiker entdeckt, bleibt sie wie gebannt stehen und hört ihnen zu. Man sieht, dass die Musik sie belebt: Ihre Füße beginnen sich zögernd zu bewegen, sie blüht sichtbar auf. Es dauert nicht lange, dann stellt sie ihre Einkaufstaschen ab, streckt den Rücken und fängt an, zu tanzen. Sie tanzt voller Hingabe, voller Konzentration. Zuerst bleibt sie außerhalb des Zuschauerkreises, dann führen ihre Füße sie mitten hinein. Die Einkaufstaschen stehen verloren auf dem Platz, während ihre Besitzerin sich als wahre irische Tänzerin entpuppt: Die Füße und Beine tun das Werk, während der Oberkörper kerzengerade bleibt. Ihre Bewegungen sind präzise und doch entspannt, ihr Gesicht strahlt wie die Sonne. Wir schauen atemlos zu.

Als die Musik aufhört, wird heftig für sie applaudiert. Die Frau ist verwundert über die Begeisterung der Umstehenden, vielleicht auch über ihr eigenes Auftreten. Jetzt wirkt sie auf einmal etwas schüchtern, aber trotzdem froh; sie sucht ihre Einkaufstaschen und schickt sich an, weiterzugehen.

Als sie an uns vorbeikommt, danke ich ihr. »Das war überwältigend!«, sage ich zu ihr. »Die irische Musik und Ihr Tanzen waren ein absoluter Höhepunkt unseres Urlaubs.« Die Frau strahlt: »Das Tanzen ist für uns Iren zur zweiten Natur geworden. Wir lernen es in der Schule und vergessen es nie wieder«, erklärt sie mir. »Ich komme nicht aus Dublin, ich wohne auf dem Land, musste aber heute zum Zahnarzt in die Stadt. Zwanzig Euro hat die Behandlung gekostet!« Sie ist offensichtlich empört über die Höhe der Rechnung. Wir nicken zustimmend. Im selben Moment kommt einer der jungen Musiker auf sie zu und schenkt ihr eine Handvoll Münzen aus seiner Gitarrenkiste.

Die Musik hat wieder angefangen. Ich blicke die Frau an. Ob sie vielleicht noch einmal …? Schon hat sie ihre Einkaufstaschen wieder abgestellt. Die Umstehenden klatschen, auf dem Balkon pfeift ein junger Mann auf seinen Fingern Beifall. Neues Bier wird bestellt. Während unsere Tänzerin zum zweiten Mal die Straßenbühne betritt, gehe ich in den Pub und hole ihr ein großes Glas Wasser mit Eiswürfeln für nachher.

Auf den Straßen Dublins gehen täglich Tausende achtlos aneinander vorbei. Aber eine Gruppe musizierender Jugendlicher führt etliche von ihnen zusammen. Während eine Frau mittleren Alters mit ihren silbernen Schuhen freudestrahlend zu ihrer Musik tanzt, werden alle von ihrer Freude angesteckt. Die Menschen stupsen sich an, ein Lächeln bricht durch. Vor einigen Minuten noch waren wir anonyme Passanten, jetzt freuen wir uns gemeinsam. Unbefangen genießen wir Musik und Tanz. Unbefangen genießen wir, dass beides uns verbindet.

Es gibt Zeit fürs Weinen und Zeit fürs Lachen, Zeit fürs Klagen und Zeit fürs Tanzen.
(Prediger 3,4)

2 Treu in guten
wie in bösen Tagen

Von meinem Liegestuhl am Strand aus nehme ich es wahr: ein älteres Ehepaar, das mühsam auf einem unebenen und steilen Weg hinunter zum Strand geht. Die Frau braucht beim Gehen einen Stock, den sie in ihrer rechten Hand hält. Der linke Arm und die linke Hand machen nicht mit, das linke Bein scheint auch kraftlos zu sein. Sie muss einen Schlaganfall gehabt haben, denke ich bei mir. Und trotzdem geht sie diesen steilen, holprigen Weg hinunter zum Strand. Ihr Mann folgt ihr, er geht langsam und behutsam, als habe er Angst zu stolpern. Es ist offensichtlich, dass auch ihm das Gehen nicht mehr leichtfällt.

Bei einem Felsen bleiben sie stehen, um sich umzuziehen. Ich schaue weg und nehme mein Buch wieder in die Hand. Lesen kann ich aber nicht mehr, denn ich bin von diesem alten Paar gefesselt und gerührt.

Ich habe den Eindruck, dass ihr gemeinsamer Gang zum Meer ein tägliches und deshalb vertrautes Ritual ist. Sie benehmen sich, als seien sie alleine. Und das sind sie eigentlich auch, denn der Strand ist fast leer. Wahrscheinlich sind sie froh darüber, dass die meisten Touristen abgereist sind. Es ist das Ende der Saison, die Normalität kehrt langsam zurück. Dass sich heute Morgen noch etwa fünf Menschen am Strand aufhalten, scheint sie nicht zu stören.

Die Frau ist trotz ihrer Behinderung etwas schneller als ihr Mann. Als er das Meer erreicht, steht sie schon bis zur Taille im Wasser. Während sie sich mit der Hand an einem Felsen festhält, lässt sie sich auf die Knie sinken und vom leichten Wellengang mitnehmen. Ganz entspannt schaukelt sie ein bisschen hin und her. Man sieht es ihr an, wie gut das tut, dass die schweren, lahmen Glieder jetzt schwerelos mitmachen.

Jetzt kommt ihr Mann ins Wasser. Auch ihm ist die Felswand eine Stütze. Als er bei seiner Frau angekommen ist, geht auch er auf die Knie, dann schaukeln sie gemeinsam eine Weile im Meer und unterhalten sich. Sie sind vollkommen entspannt, sie haben es gut miteinander, sie lachen und freuen sich. Zwei alte Menschen, so vertraut beieinander. Es tut mir gut, sie zu beobachten. Es tut mir gut, zu sehen, dass sie sich noch immer etwas zu erzählen haben, dass sie einander zuhören, dass sie gemeinsam das Meer genießen.

Irgendwann ist es Zeit, wieder zu gehen. Das Ritual wiederholt sich, jetzt in umgekehrter Reihenfolge. Der Mann geht als Erster aus dem Wasser, seine Frau braucht diesmal mehr Zeit, sie tut sich schwer beim Aufstehen. Die Arme und Beine, die im Wasser schwerelos waren, machen sich wieder bemerkbar. Sie freut sich aber trotzdem, das Baden hat ihr offensichtlich gutgetan. Gemeinsam mit ihrem Mann macht sie sich auf den Weg zum Felsen, wo sie ihre Kleider abgelegt haben. Sie ziehen sich nicht um, ihre Wohnung muss in der Nähe sein. Er zieht sein Hemd über seine noch nasse Brust, sie zieht ihr Kleid über ihren Badeanzug. Barfuß gehen sie hinauf zur Straße, mühsam wie vorher und doch leichtfüßiger. Das Meerwasser hat sie neu belebt. Auf der Straße bleiben sie kurz stehen. Sie ziehen ihre Schuhe an, schauen sich noch einmal um und gehen ihren Weg. Er hat seine Hand auf ihre Schulter gelegt. Bald werden sie sich zu Hause hinsetzen und etwas essen. Dann werden sie wohl gemeinsam auf den Sonnenuntergang über dem Meer warten.

Man braucht nicht viel, um glücklich und zufrieden zu sein.

Zwei sind besser daran als ein einzelner (…) Denn wenn sie fallen, so richtet der eine seinen Gefährten auf. *(Prediger 4,9–10)*

3 Das Leben feiern

Meine Gartenamsel ist ein merkwürdiges Wesen. Das Männchen ist schwarz, wie es sich gehört; dennoch ist eine seiner Schwanzfedern schneeweiß. Sie steht schräg nach oben und macht das Steuern beim Fliegen etwas kompliziert. Die Landung ist auch ein Abenteuer, denn meine Amsel hat ein kaputtes Knie und muss darum auf einem Beinchen landen. Erstaunlicherweise geht das immer gut.

Meine Amsel sitzt in aller Frühe in meinem Apfelbaum und singt ihr Lied. Sobald der Kleine mich in der Küche bemerkt, kommt er zur Tür und wartet auf mich. Seine Treue ist rührend, aber sicherlich nicht ganz selbstlos. Er rechnet mit einer guten Versorgung, denn er weiß: Bei diesem Haus gibt es immer etwas zu schnabulieren. Im Winter angemessenes Winterfutter, im Sommer Äpfel oder Beeren. Und wenn ich

im Garten arbeite, gibt es frische Würmer, direkt abzuholen, wie der Hamburger bei McDonalds.

Manchmal beobachte ich den Amselmann, wenn
er im Garten herumhüpft und in den Beeten herum-
wirtschaftete. Ganz besonders ist sein Baderitual in
meinem in England erworbenen Vogelbad: Ein paar
Mal ein- und aussteigen, um die Wassertemperatur
zu testen. Wenn es gefällt, den Kopf mehrmals unter-
tauchen, ausgiebig Wasser spritzen, ausschütteln und
die Federn ordnen. Ein bisschen nachdenken und
dann das Ganze wiederholen. Weil es Spaß macht.
Zum Schluss am Rand des Vogelbades dehnen und
strecken. Und dann … ein Lied. Unbekümmert und
laut. Den Schnabel weit aufgesperrt, das schmerzende
Beinchen etwas hochgezogen, die weiße Schwanzfeder
entschlossen schräg hochstehend.

Es ist ein absoluter Höhepunkt: Die Amsel feiert das
Leben.

Was morgen kommt, beschäftigt sie nicht; jetzt gibt
es Grund zum Jubeln.

Die Vögel des Himmels lassen ihre Stimmen aus dichtem
Laub erschallen.
(Psalm 104,12)

4 Erdbeben in der Nacht

Es war in der zweiten und letzten Woche eines Urlaubs auf der griechischen Insel Kefalonia, als ich um etwa vier Uhr nachts aufwachte, weil sich mein Bett durchs Zimmer bewegte. Sofort war ich hellwach. Als ich mich auf den Urlaub vorbereitete, hatte ich gelesen, dass Kefalonia 1953 von einem sehr schweren Erdbeben erschüttert worden war und dass es dort noch immer vorkommt, dass sich die Erde bewegt. Die Inselbewohner sollen sich im Laufe der Zeit an dieses Phänomen gewöhnt haben, für mich aber war diese Erfahrung ein großer Schock. Ich sprang aus meinem Bett und stürmte in den Nebenraum, wo die Freundin schlief, mit der ich in Urlaub gefahren war.

»Aufwachen!«, rief ich. »Bitte wach auf und zieh dich an, es ist ein Erdbeben, wir müssen sofort aus dem Haus raus!« Ruth, die tief geschlafen hatte, musste zuerst überlegen, wo sie war. Ich war schon zurück in meinem Zimmer, da tönte es schlaftrunken hinter mir her: »Was ist los?« »Ein Erdbeben«, rief ich zurück. »Zieh dich an und steck deinen Reisepass in die Hosentasche!« Ich war von mir selbst überrascht: Es war mitten in der Nacht, und doch hatte ich die Lage wirklich voll im Griff.

Während ich mich anzog, hörte ich leises Gepolter im Nebenraum. Ruth war also auch aus dem Bett, bald würden wir uns in Sicherheit bringen. Ich steckte meinen Reisepass in meine Jeanstasche, nahm meinen Rucksack mit dem Geld und den anderen wichtigen Sachen und hastete zurück in das Zimmer meiner Freundin. Da … traf mich der Schlag! Ruth saß in aller Ruhe auf der Bettkante, in der einen Hand ihren Lippenstift, in der anderen einen Spiegel.

Ich muss sagen, dass Ruth immer perfekt aussieht. Sie würde nie ohne Make-up aus dem Haus gehen. Gar nie. Auch nicht, so entdeckte ich jetzt, wenn ihr Leben von einem Erdbeben bedroht ist. Ein paar Sekunden stand ich wie festgenagelt, dann schrie ich entsetzt: »Ruth, wir müssen raus, es hat gerade einen heftigen Erdstoß gegeben; wer weiß, was noch kommt. Im Haus sind wir nicht sicher, also komm!«

Ruth blickte kurz zu mir auf. Dann legte sie Spiegel und Lippenstift auf ihr Bett und faltete ihre Hände. »Lieber Gott«, betete sie laut, »wir wissen nicht, was los ist …« Mit zitternder Stimme unterbrach ich sie. »Wir wissen, was los ist: ein Erdbeben!« Ruth reagierte nicht. Mit unerschütterlicher Ruhe bat sie weiter: »Herr, wir wissen nicht, wie wir reagieren sollen!« Ich war langsam am Ende und hatte Mühe, meine Ungeduld zu zügeln. »Ruth«, rief ich, »wir wissen, wie wir reagieren sollen! Bei einem Erdbeben soll man das Haus verlassen! Und zwar unverzüglich!«

Jetzt machte Ruth ihre Augen auf. »Also gut«, sagte sie ruhig. »Wenn du das unbedingt willst, dann gehen wir hinaus«. Sie steckte Spiegel und Lippenstift in ihre Handtasche und ging mit mir zur Tür und aus dem Haus.

Draußen war es stockfinster und es herrschte eine unheimliche Stille. Nicht einmal ein Hund bellte, was wirklich sonderbar war. Wir spähten in die Nacht hinein, aber es blieb still. Nach ein paar Minuten sprach meine Freundin aus, was ich, ehrlich gesagt, schon bei mir gedacht hatte: »Wenn was Schlimmes passiert wäre, dann wären doch noch andere Menschen draußen?«

Ich gab mich nicht so schnell geschlagen. »Vielleicht«, mutmaßte ich, »vielleicht haben nur wir etwas gemerkt.« Dieses »wir« war absichtlich so formuliert: Ich wollte ja nicht die einzige sein, die sich blamierte.

Ich holte tief Luft. »Vielleicht sollten wir die Menschen warnen«, schlug ich vor. Das war lächerlich, das wusste ich. Aber ich musste doch etwas sagen. Ruth zuckte die Achseln und gähnte. »Du kannst machen, was du willst«, sagte sie. »Ich gehe jetzt wieder schlafen.« Sie drehte sich um und ging zurück ins Haus. Ich spitzte noch mal die Ohren und schaute mich um, dann ging auch ich ins Haus. Aus dem vorderen Zimmer klang ein leises, entspanntes Schnarchen. Ruth schlief schon wieder. In der Finsternis tastete ich mich zurück zu meinem Zimmer. Mein Bett stand tatsächlich nicht mehr ganz an der Wand, sondern war ein wenig abgerückt. Also hatte es wirklich einen kleinen Erdstoß gegeben, eben so klein, dass sich die Inselbewohner davon nicht hatten stören oder aufregen lassen. Falls sie ihn überhaupt mitbekommen hatten!

Auf der Insel Kefalonia bin ich nie wieder gewesen. Ich erzähle aber gerne von dieser Nacht, in der ich so unglaublich tapfer reagiert und gehandelt hatte. Und von

meiner Freundin, deren Priorität es auch in dieser großen Not gewesen war, perfekt auszusehen. Die Kinder
und vor allem die Enkel meiner Freundin können von
dieser Geschichte gar nicht genug kriegen. Ruth selbst
aber meint, dass ich das Ganze – und vor allem ihr Verhalten – aufbausche. Während wir uns alle biegen vor
Lachen, mache ich ihr dann immer ein großes Kompliment. Es ist gut, wenn man gepflegt aussieht; ganz
beeindruckend finde ich aber, dass Ruth in aller – meiner – Aufregung ihre Hände faltete und Gott fragte,
was wir tun sollten. Dieses Gebet ist doch in allen Umständen das Richtige und wirklich Wichtige.

*Der Herr ist meines Lebens Zuflucht, vor wem sollte ich
erschrecken?*
(Psalm 27,1)

5 Von Gott gekannt

W ürden Sie mich bitte mit meinem Vornamen ansprechen? Ich heiße Margarethe, aber alle haben immer Grethi gesagt.« Die alte Dame sitzt in einem Rollstuhl am großen Tisch im Aufenthaltsraum des Altenheimes. Ihrem Alter nach könnte sie meine Mutter sein, dennoch bittet sie mich darum, sie mit ihrem Vornamen und du anzusprechen. Sie war ihr Leben lang Grethi, erzählt sie mir. Ihre Eltern, ihre Geschwister und anderen Verwandten, ihr Mann und ihre Freunde haben sie immer so genannt. Nun aber ist sie alleine und wohnt im Altenheim, wo sie niemand kennt und ihr Vorname nie genannt wird.

Ihr Mann ist vor einigen Jahren gestorben, auch Freunde sind gestorben oder weggezogen. Die Kinder haben alle Hände voll zu tun mit ihrem eigenen Leben. Sie sind dankbar, dass ihre Mutter gut untergebracht und versorgt ist und sie sich keine Sorgen machen müssen. Sie kommen vielleicht ein oder zwei Mal im Jahr vorbei oder rufen an.

Im Altenheim verbringt Grethi ihre Tage auf einer speziellen Abteilung für Menschen, die extra Fürsorge brauchen. Einige sind körperlich behindert, andere (beginnend) demenzkrank. Es gibt Bewohner, die in sich gekehrt sind, während andere laut sind und viel Aufmerksamkeit für sich beanspruchen. Hier weiß niemand so richtig, wer Grethi ist. Oder war. Man weiß nicht, was sie alles erlebt hat, was sie belastet oder beschäftigt. Wie es in ihrem Herzen aussieht, wie es ihr wirklich geht.

Neue Kontakte zu knüpfen ist im hohen Alter nicht so einfach. Jeder hat seine eigene Lebensgeschichte. Es fehlt die Kraft, vielleicht auch der Mut zum Erzählen. Die Erinnerungen sind verschwommen, es ist schwer, den roten Faden zu behalten. Dennoch bleibt das Verlangen. Die Sehnsucht, gekannt zu sein und beim vertrauten Vornamen genannt zu werden: Grethi. Man kann ihre Bitte, sie mit ihrem Vornamen anzusprechen, auch so verstehen: »Bitte, lass mich auch in der Anonymität einer Institution Mensch sein.«

Wenn ich Grethi sehe wie auch die anderen alten

Menschen um sie herum, denke ich an den Einen, der Grethi schon kannte, als sie noch nicht einmal eine menschliche Gestalt angenommen hatte. Eingenistet im Schoß ihrer Mutter war sie schon von ihm gesehen und geliebt. Und so bitte ich ihn, ihren Schöpfer: »Herr, sei mit ihr und halte deine Hand über ihr.«

Herr, du bist vertraut mit allen meinen Wegen (…)
Du hast mich gewoben im Schoß meiner Mutter.
Deine Augen sahen mich schon als ungeformten Keim.
(aus Psalm 139)

6 Das Kästchen
im Kleiderschrank

Zwei meiner Freunde, Markus und Diane, legen seit Beginn ihrer Ehe öfters Bargeld zurück für etwas Besonderes – ein Essen in einem netten Restaurant, ein Konzert oder eine besondere Anschaffung. Sie haben dafür im Kleiderschrank in ihrem Schlafzimmer ein kleines Kästchen versteckt. Das ist nicht unbedingt klug; es geht aber nie um große Beträge, sondern um kleine Überraschungen für sie selbst. Manchmal tut sie etwas hinein, dann wieder er. Sie wissen es voneinander nicht.

Vor ein paar Jahren hatte Diane den Eindruck, dass seit einiger Zeit immer Geld in dem Kästchen fehlte. Als sie mit ihrem Mann darüber sprach, stellte sich heraus, dass auch er öfters den Eindruck hatte, dass etwas nicht stimmte. Als sie einander erzählten, was jeder in den letzten Monaten in die Geldkiste gelegt hatte, war ihnen klar, dass mehr hineinging, als nachher noch drin war. Es war ihnen ein Rätsel, wie das sein konnte.

Markus und Diane überlegten hin und her. Ihre Kinder wussten von dem Kästchen, sie würden aber nie Geld wegnehmen, dessen waren sie sich sicher. Blieb nur noch die nette Nachbarin, die einen Haustürschlüssel hatte und die Pflanzen goss und für die Post sorgte, wenn Markus und Diane für ein paar Tage verreist waren. Es war aber kaum zu glauben – und sie wollten es auch gar nicht glauben –, dass diese Frau, mit der sie seit Jahren einen so guten und herzlichen Kontakt hatten, sie bestehlen würde.

Nach langer Beratung beschlossen Markus und Diane die Probe aufs Exempel zu machen. Jedes Mal, wenn sie ein paar Tage bei den Kindern oder anderweitig unterwegs waren, zählten sie vorher und nachher das Geld im Kleiderschrank. Und tatsächlich: Immer wieder kam es vor, dass hinterher Geld fehlte. Dazu kam, dass die Nachbarin öfters gerade in dieser Zeit etwas erworben hatte, was sie meinen Freunden voller Freude zeigte! Ein Zufall konnte das fast nicht sein, dennoch taten meine Freunde sich schwer, ihre Nachbarin des Diebstahls zu bezichtigen.

Es blieb nichts anderes übrig, als zu versuchen, die Nachbarin auf frischer Tat zu ertappen. Und so meldeten sich Markus und Diane für zwei Tage bei den Nachbarn ab. Am Tag der angekündigten Abreise verabschiedeten sie sich von den beiden und fuhren mit lautem Hupen und ausgiebigem Winken davon. Nachdem sie um die Ecke gebogen waren, stieg Markus aus dem Auto, schlich durch das Gebüsch von hinten durch seinen Garten zur Küchentür seines Hauses, ging ins Haus und versteckte sich im ersten Stock im Bad, das gegenüber dem Schlafzimmer lag. Dort wartete er auf das, was passieren würde. Falls überhaupt etwas passieren würde.

Es war noch keine halbe Stunde vergangen, da hörte er, dass jemand durch die Haustür ins Haus kam. Es war die Nachbarin, die mit einem wiederholten lauten »Hallo« überprüfte, ob nicht doch noch jemand aus der Familie im Haus war. Als niemand antwortete, kam sie die Treppe hoch, ging am Badezimmer vorbei und marschierte direkt ins Schlafzimmer. Markus hörte, wie dort die Tür des Kleiderschranks geöffnet wurde. Dann war es eine kurze Zeit still, bevor die Schranktür wieder ins Schloss fiel.

Man kann sich vorstellen, dass Markus' Nerven zum

Zerreißen gespannt waren, denn jetzt kam es drauf an. Als er hörte, wie die Fußstapfen in Richtung Bad gingen, holte er tief Luft, öffnete die Tür und stand der Nachbarin gegenüber. Diese blieb wie angewurzelt stehen, sie war leichenblass und sah aus, als wäre sie einem Herzinfarkt nahe. Markus selbst zitterte von Kopf bis Fuß. Dennoch schaffte er es, die Nachbarin, die inzwischen bitterlich weinte, ruhig mit ihrem Diebstahl zu konfrontieren. Er sagte ihr gleich, dass er nicht vorhabe, die Polizei zu verständigen. Er legte ihr aber dringend ans Herz, die Sache in den nächsten Tagen ihrem Mann zu gestehen. Wenn sie das nicht tue, wäre er gezwungen, Maßnahmen zu ergreifen.

Nur wenige Tage später kam der Nachbar zu Besuch. Er war entsetzt und beschämt und wollte all das Geld, das seine Frau gestohlen hatte, ersetzen. Davon wollte Markus aber nichts hören. Stattdessen wollte er von dem Nachbarn wissen, warum seine Frau es nötig hatte, Geld zu stehlen, um Sachen zu kaufen. Ob sie zu Hause vielleicht zu kurz kam? Emotional oder finanziell? Was für eine Not oder Sehnsucht steckte hinter ihrem Verhalten?

Bis heute bin ich beeindruckt von Markus liebevoller Haltung in dieser Situation. Er war nicht darauf aus, seine Nachbarin zu verurteilen oder sie abzustrafen, sondern er war um sie besorgt. In einer Situation, wo eine Anzeige und eine Wiedergutmachung berechtigt gewesen wären, wies er den Nachbarn darauf hin, dass es seiner Frau vielleicht an etwas mangelte. Von einer solchen Barmherzigkeit will ich lernen.

Seid barmherzig, demütig und vergeltet nicht Böses mit Bösem.
(1. Petrus 3,8–9)

7 Kennen wir die?

In einer Gemeinde im Norden Deutschlands hat gerade ein Frühstückstreffen stattgefunden, woran etwa 150 Frauen teilgenommen haben. Es sind inzwischen fast alle Besucher weg. Nur ein paar Frauen stehen noch beim Büchertisch in der Eingangshalle, andere unterhalten sich bei den Stehtischen oder draußen vor der Tür. Die Mitarbeiterinnen des Frühstückstreffens sind vollauf beschäftigt mit Aufräumen; einige Männer sind gekommen, um dabei zu helfen.

Bei der Garderobe ist eine etwas ältere Frau auf der Suche nach ihrem Mantel. Zwei Frauen wollen ihr dabei behilflich sein, aber das ist gar nicht so einfach, denn die Dame wirkt unsicher und scheint nicht mehr genau zu wissen, wie ihr Mantel aussieht. Beim Suchen und Nachfragen wird allmählich klar, dass sie auch in anderen Dingen unsicher ist. Sie weiß anscheinend nicht mehr genau, wo sie eigentlich herkommt. Früh-morgens ist sie, so erzählt sie, mit dem Schnellzug aus der Stadt gekommen. Sie ist an der Endstation umge-stiegen und dann mit einigen anderen bei einer Halte-stelle ausgestiegen. Diesen Menschen ist sie nachge-laufen und so beim Frühstückstreffen gelandet.

Abgesehen von ihrer Unruhe wegen des verschwun-denen Mantels freut sich die Dame offensichtlich über den Betrieb in der Kirche und über die Frauen, die sich mit ihr darum bemühen, den Mantel zu finden. Für diese Frauen wird es aber langsam kompliziert, denn die Dame scheint auch nicht mehr genau zu wissen, wer sie selbst ist.

Während die Mitarbeiter des Frühstückstreffens miteinander besprechen, wie sie dieses Problem lösen könnten, laden wir, die in der Halle sitzen, die Frau ein, sich zu uns zu setzen. Das tut sie gerne. Der Vormittag sei richtig anstrengend gewesen, sagt sie. Sie ruhe sich jetzt gerne ein wenig aus.

Als ich unsere unbekannte Besucherin frage, wie ihr die Veranstaltung gefallen hat, reagiert sie begeis-tert. Sie fand es sehr interessant, denn es seien alles Wirtschaftsleute gewesen, die da waren, das habe sie gleich bemerkt. Sie habe sich darüber gefreut, denn diese Tatsache habe dem Treffen einen besonderen Glanz gegeben. Ich frage sie, ob sie vielleicht selbst in der Wirtschaft tätig gewesen sei? Ja, ja, sagt sie, sie sei Bankangestellte und habe eine sehr gewichtige Position. Mit Geld umgehen, das könne nicht jeder, da müsse man sich schon auskennen. Ich nicke und frage noch mal, wie sie den Weg zu diesem Frühstück gefunden habe. Die Dame ist aber abgelenkt und fasziniert von den Menschen, die immer wieder vorbeigehen mit Geschirr, mit Tischen, mit leeren Flaschen.

»Kennen wir den?«, fragt sie, als ein Mann mit einem Staubsauger vorbeikommt. »Ich glaube schon«, antworte ich. »Der hat hier zu tun.«

»Nun ja«, meint sie, »das ist klar. Aber wo geht der hin?«

»Das weiß ich auch nicht«, sage ich, »aber er wird das schon wissen, er kennt sich aus.«

Dann kommen zwei Frauen mit Tischdecken und Abfall vorbei. »Kennen wir die?«

»Ja, die kennen wir. Die räumen hier auf, während wir hier sitzen und zuschauen.« Sie nickt zufrieden. »Ja, ja«, sagt sie. »Das ist gut«.

Es geht eine gute Stunde vorbei. Zwei freundliche Frauen bringen uns belegte Brötchen und etwas zu trinken. Darüber freut sich die Dame, sie isst gerne »was Gutes«. Und Kaffee? Ja, auch das. Aber: »Kennen wir die?« »Die uns was bringt?«, frage ich. »Das ist eine ganz Liebe, die sorgt gerne für Menschen.« Diese Antwort findet Zustimmung bei unserer Unbekannten. Zufrieden isst sie ihr Brötchen und schaut sich das Treiben um uns herum an. »Kennen wir …?« »Ja, ja«, sage ich. »Die kennen wir auch.« »Und den da?« »Ja, mir kommt es vor, als hätten wir den auch schon mal gesehen.«

Schließlich kommt eine Mitarbeiterin des Frühstückstreffens auf uns zu. Sie hat die Polizei verständigt, die erleichtert reagiert hat. Unser Gast ist dement und lebt in einem Pflegeheim. Sie muss morgens früh in einem unbewachten Augenblick aus dem Haus geschlüpft sein. Im Pflegeheim herrscht Alarmstufe eins. Die Frau wird seit Stunden gesucht.

Wir sind dankbar. Diese verwirrte Frau hat eine lange Reise hinter sich, aber sie ist an einem sicheren Ort gelandet – in einer Kirche. Dort hat sie mit 150 Frauen gefrühstückt und eine Botschaft aus der Bibel gehört. Viele haben sich um sie gekümmert, sie hat sich wohlgefühlt und einen herrlichen Vormittag erlebt. Es muss eine besondere Erfahrung gewesen sein – weg aus dem Pflegeheim und unter Menschen, die sie ernstgenommen und herzlich aufgenommen haben.

Eine gute Stunde später hält ein Auto bei der Kirche. Die Polizei ist da, um unseren Gast abzuholen. Wir sind etwa sechs Frauen, die ihr nachwinken. Dankbar für den guten Ablauf und gerührt über diese wehrlose Frau, die sich morgens auf den Weg gemacht hat, ohne zu wissen, wohin. Und die dann sicher ankam an einem Ort, wo sie aufgenommen und beschützt wurde. Es hätte auch ganz anders laufen können.

Und auch bis zum Alter und bis zum Greisentum verlass mich nicht, o Gott.
(Psalm 71,18)

8 Eine besondere Unterkunft

W ir sind fünf Freundinnen aus den Niederlanden und haben vor, einen dreitägigen City-Trip nach Deutschland zu unternehmen. Die Stadt, die wir besuchen wollen, soll sehr schön sein, außerdem findet dort gerade eine interessante Ausstellung auf dem Messegelände statt.

Eine von uns, ein Organisationstalent, ist dafür verantwortlich, eine Unterkunft zu finden. Das ist nicht einfach, denn wir sind nicht die einzigen, die in diesen Tagen vorhaben, diese Stadt zu besuchen. Dennoch gelingt es ihr, ein Quartier für fünf Personen zu finden.

Als sie uns davon berichtet und erzählt, welche Kosten auf uns zukommen, protestiere ich. Das ist doch viel zu teuer; sicher gibt es andere, günstigere Unterkünfte. Etwas beleidigt sagt sie mir, dass, wenn mir das alles nicht gefällt, ich diejenige bin, die eine Alternative finden muss.

Über das Internet finde ich ein wundervolles Schnäppchen: ein freistehendes Haus in einem Vorort der Stadt. Es hat sechs bis acht Betten, ein großes Badezimmer, mehrere, weitere Räume, einen Garten ums Haus, und das alles für einen sehr günstigen Preis. Ich finde mich genial, zeige mich aber bescheiden, als mir meine Freundinnen ein Kompliment machen. Die vorher gebuchte Unterkunft sagen wir feierlich ab.

Bald geht es los. Wir freuen uns auf die Tage und auf unsere vornehme Unterkunft – ein ganzes Haus nur für uns, das ist kaum zu glauben! Fröhlich und entspannt kommen wir in dem Vorort an und fahren im Vertrauen auf unser Navi weiter, bis wir in einem Gebiet ankommen, das – man kann es nicht anders sagen – etwas desolat wirkt. Als das Navi uns anzeigt, dass wir unser Ziel erreicht haben, stehen wir vor einem verrosteten Gitter, hinter dem sich ein stark verwilderter Garten befindet. Wenn man genau hinsieht, lässt sich durch die Büsche hindurch der Umriss eines alten Hauses erahnen.

Da die Gittertür verschlossen ist, rufen wir übers Handy die Besitzerin des Hauses an. Es stellt sich heraus, dass sie selbst nicht in diesem Haus wohnt. Sie verspricht uns aber, gleich zu kommen und uns die Schlüssel für Tor und Haus zu bringen. Eine halbe Stunde später erscheint ein uralter Mercedes; am Steuer sitzt unsere Hausherrin, die ein kläffendes Hündchen auf ihrem Schoß hat. Nach der Begrüßung geht sie uns voran zum Haus, das in Wirklichkeit viel weniger vornehm ist, als wir gedacht haben. Die Fenster sind trübe, vom Holz blättert die Farbe ab, die Tür klemmt so stark, dass sie kaum zu öffnen ist.

Wir fünf Frauen wagen nicht, uns anzuschauen, aber wir denken das Gleiche. Das hier soll unsere Unterkunft sein? Doch es kommt noch schlimmer. Als die Hausbesitzerin uns ins Haus lässt, stehen wir in einem dunklen Gang, wo vieles kreuz und quer durcheinander steht. Der faule Geruch, der uns sanft entgegenweht, nimmt uns fast den Atem. Aufgeräumt oder geputzt wurde hier offensichtlich schon lange nicht mehr. Die Hausbesitzerin scheint sich an all dem nicht zu stören. Sie nimmt uns mit ins Badezimmer, das so verdreckt ist, dass ich mir spontan vornehme, mich in diesen Tagen nicht zu waschen. Das Klo lässt mich völlig erschaudern. Der Zustand im Haus ist unbeschreiblich. Handtücher, Bettwäsche, alles ist schmutzig. Die Betten sind offensichtlich benutzt, die Decken wurden nicht einmal glatt gestrichen.

Ich mache mich so klein wie nur möglich, weil ich mir meiner Schuld bewusst bin. Das habe ich nun davon, dass ich unbedingt eine günstigere Unterkunft finden wollte. Ich war überzeugt, dass ich klug vorgegangen war und etwas Besonderes für uns gefunden hatte. Nun, besonders ist es, darüber sind wir uns einig. Eine Alternative gibt es aber nicht mehr. Es ist schon Abend und die Hotels sind ausgebucht.

Wir überstehen die erste Nacht. Unsere Betten haben wir neu überzogen mit Bettwäsche, die wir irgendwo in einem Schrank gefunden haben. Ob diese Bettwäsche sauber ist, haben wir nicht richtig feststellen können, wir wollen es aber glauben. Drei Freundinnen schlafen in einem Zimmer, das noch einigermaßen aufgeräumt ist, wir beiden anderen in einem großen, verschmutzten Zimmer mit nur wenigen Möbeln. Ein Bett steht an der Wand direkt neben der Tür, in der Mitte des Raumes steht ein großer Tisch mit Tellern voller Essensreste und einem großen, scharfen Fleischmesser. Ein zweites Bett ist versteckt hinter einem riesigen Kleiderschrank, der gut einen Meter von der Wand entfernt steht. Sie werden es sicherlich verstehen, dass ich mich beim Schlafengehen in dem Bett hinter dem Schrank verschanze, unsichtbar für meine Freundinnen, denen ich dies alles eingebrockt habe.

Am nächsten Tag machen die Stunden in der Stadt vieles wieder gut. Wir können sogar ab und zu lachen, obwohl unser Lachen langsam verstummt, als sich der Tag dem Ende zuneigt und wir uns auf den Weg zu unserer Unterkunft machen. Eine dumpfe Ahnung beschleicht mich, die ich in Humor kleide, um meine Freundinnen etwas aufzumuntern. »Das größte Abenteuer dieser Tage liegt noch vor uns«, verkünde ich ihnen. »Ich vermute, dass dieses Haus schon bewohnt ist, auch wenn ich mir nicht vorstellen kann, wer in diesem Dreck und in dieser Unordnung leben kann.« Und dann: »Heute ist Sonntagabend, da kommen die Bewohner zurück, weil sie nur übers Wochenende weg waren. Wartet nur, das wird noch spannend werden.« Diesmal bin ich die einzige, die lacht, und das nicht einmal von Herzen.

An diesem letzten Abend wird nicht viel mehr gesprochen. Ich ziehe mich ziemlich bald hinter meinen Schrank zurück und schlafe vor lauter Stress gleich ein. Dass die Worte, die ich an meine Freundinnen gerichtet habe, prophetisch gewesen sind, davon habe ich in diesem Moment noch keine Ahnung.

Es ist kurz nach Mitternacht als ich wach werde, weil ich Stimmen im Zimmer höre. Ein leises Murmeln meiner Freundin, so, als ob sie träume. Dann eine Männerstimme und wieder das Murmeln meiner Freundin. In den paar Sekunden, in denen ich erschrocken aus meinem Bett hochfahre, purzeln meine Gedanken durcheinander. Wir sind in Gefahr, wir werden überfallen! Was soll ich machen? Ich selbst bin einigermaßen sicher, mich entdeckt man nicht so leicht hinter dem großen Schrank. Aber meine Freundinnen! Sagt die Bibel nicht, dass wir bereit sein sollen, für unsere Freunde zu sterben? Dann kann ich mich doch hier nicht heraushalten? Ich hole tief Luft, lasse meine Stimme sinken und sage dann sechs Worte, die wie ein Hammerschlag durch die Stille dröhnen: »Gehen Sie sofort in den Keller!«

Ich weiß nicht einmal, ob unsere Villa einen Keller hat, aber meine Worte bringen uns in Sicherheit: Unser Eindringling macht sich gleich aus dem Staub und verschwindet. Als ich, ganz behutsam, hinter meinem Kleiderschrank hervorkomme, sitzt meine Freundin senkrecht in ihrem Bett bei der Tür. Die ist offen, der fremde Mann ist ja Hals über Kopf geflüchtet. Er habe, so erzählt meine Freundin, mit einer braunen Tüte in der Hand neben ihrem Bett gestanden. Die Tüte habe nach etwas von McDonalds ausgesehen. Als sie sich aufgerichtet habe – eine ältere Frau mit schlohweißen Haaren und einem hochgeschlossenen Nachthemd aus Flanell – sei er genauso erschrocken gewesen wie sie. Das Ganze hat ihn erschüttert, das ist mir klar. Und dazu meine Worte – die sind natürlich entscheidend gewesen!

Wir schleichen gemeinsam ins Zimmer unserer drei Freundinnen. Die sind anfangs nicht zu finden, weil sie sich tief unter ihren Decken versteckt haben. Um der Gefahr auszuweichen, das ist uns klar. Um selbst zu entkommen und uns beide, ihre Freundinnen im nächsten Zimmer, überfallen zu lassen. Empört reißen wir ihnen die Decken weg und ziehen sie zur Verantwortung. Nun, habt ihr nichts gehört, nichts wahrgenommen? Ja, das haben sie, es sei das Licht im Flur angegangen und sie hätten durchs Fenster an ihrer Tür die Silhouette eines Mannes vorbeiziehen sehen. Und? Sie gestehen es beschämt: »Dann haben wir uns versteckt und unter der Decke ganz leise für euch gebetet.«

Am nächsten Tag stellen wir fest, dass der unbekannte Mann, der von mir verjagt wurde, die Nacht im Untergeschoss des Hauses verbracht hat. Als wir fünf morgens eine Runde durchs Haus unternehmen, finden wir leere Tüten von McDonalds auf einem kleinen Tisch neben einer alten Sitzbank, auf der er geschlafen haben muss. Wie sich später herausstellt, hat die Hausbesitzerin die Zimmer tatsächlich doppelt vermietet. Ihr Haus ist bewohnt von Männern, die Messestände aufbauen und vorübergehend am Messegelände der Stadt tätig sind. Sie sind selbst verantwortlich für die Reinigung des Hauses und für die Wäsche. Wie es im Haus aussieht, ist der Besitzerin egal, solange sie ihr Geld bekommt.

Die Vermieterin besuchen wir vor der Abreise noch. Sie ist von unserer Geschichte nicht besonders beeindruckt. So schlimm sei das doch alles nicht gewesen? Sie macht uns einen Bananen-Milkshake, den wir nicht trinken, weil wir – noch immer schockiert über unsere Erfahrungen im großen Haus – den Eindruck haben, dass darauf Hundehaare schwimmen.

Haltet euch nicht selbst für klug.
(Römer 12,14)

9 Ein neues Lied

In meinem Bücherregal im Arbeitszimmer befindet sich eine schöne Schachtel, in der ich besondere Briefe aufbewahre. Dann und wann nehme ich einen dieser Briefe in die Hand, um ihn erneut zu lesen. So las ich kürzlich einige Briefe einer Freundin aus der Zeit, als ihr Mann an Krebs starb. Die beiden hatten viele Jahre lang als Missionare im Ausland gelebt, waren aber seit einiger Zeit zurück in der Heimat. Sie hatten schon bald neue Aufgaben in ihrer Gemeinde und in der christlichen Studentenarbeit gefunden. Dann aber kam der Krebs.

Direkt nach der Diagnose wurden alle Hebel in Bewegung gesetzt, um die Krankheit, wenn nicht zu überwinden, so zumindest zu zügeln und aufzuhalten. Immer wieder hofften sie auf ein Wunder. Dann aber ging auf einmal alles sehr schnell, und sie mussten sich auf den Abschied vorbereiten. Es ist beachtlich, dass Peter es in den letzten Monaten noch schaffte, Menschen Seelsorge anzubieten und sie zu beraten. Er war ein Mensch, dem der Dienst an anderen Menschen wichtig war und Freude machte.

Als Peter starb und Anna alleine zurückblieb, war sie erschüttert. Erschüttert, aber dennoch nicht ins Bodenlose versunken. Wenn ich ihren Brief aus dieser Zeit lese, bin ich wieder stark beeindruckt. »Ich will meinen Weg weiterhin im Vertrauen auf Gott gehen«, schreibt Anna. »Er ist in guten und bösen Zeiten unsere Stärke, unsere Hoffnung und unsere Freude gewesen, und das wird er auch jetzt für mich sein.« Und dann: »Zwar haben sich meine Umstände vollkommen verändert, Gott aber ist derselbe geblieben.«

Es gibt in meiner Schachtel noch einen Brief von Anna, der einige Monate später geschrieben wurde. Ihr Gottvertrauen sei geblieben, daran sollten wir nicht zweifeln, schreibt sie. Sie wolle aber nicht verschweigen, dass ihr neuer Weg als Witwe ihr häufig schwerer falle, als sie erwartet habe. »Meine Hoffnung war, dass ich während meines Trauerprozesses ein neues Lied über Gott entdecken und singen würde«, schreibt sie. »So wie es David erfuhr und in Psalm 40,4 bezeugt: ›Und in meinen Mund hat er ein neues Lied gelegt, einen Lobgesang auf unseren Gott‹«.

Auf dem Briefpapier ist eine Zeile leer geblieben. Es ist, als habe meine Freundin einen Moment gebraucht, bevor sie weiterschreiben konnte. Dann fährt sie fort: »Der Gedanke an ein neues Lied ist nicht in den Hintergrund getreten. Ich wusste nur nicht, dass es so schwierig werden würde. Immer wieder drängten sich Kummer und Schmerz auf. Immer wieder überfielen mich Fragen wie: *Wird das Leben je wieder gut werden?* oder: *Ist mir das Leben ohne meinen Mann noch wertvoll genug, um es leben zu wollen?* Immer wieder habe ich in der Gefahr gestanden, von diesen starken Emotionen und Gedanken überwältigt zu werden.«

Ich halte kurz inne, um das Geschriebene auf mich einwirken zu lassen, dann lese ich weiter. »Ich empfand klar, dass ich eine Wahl treffen musste: Ich konnte es entweder aufgeben, mit einem neuen Lied in meinem Herzen zu rechnen, und konnte mich bedrückten, schwermütigen und depressiven Gedanken ausliefern. Oder, ich konnte darauf vertrauen, dass mitten aus dem Elend das Lob Gottes neu entstehen würde. Diese Entscheidung ist ein innerer Prozess, der harte Arbeit bedeutet und einem viel emotionale

Energie abverlangt. Psalmworte, durch die ich mich durchgekämpft habe, helfen mir bis heute, nicht in einem tiefen Morast zu versinken.«

Annas Brief endet mit einer Bitte: »Betet für mich, dass ich es nicht zulasse, dass mein Herz von negativen Gedanken und Gefühlen überhäuft wird. Ich will mich ganz bewusst an Gottes Realität erinnern. Er ist da, ich darf mit ihm rechnen. Bitte betet, dass sein Trost und seine Kraft in meinen Kummer hineinsinken und mich vor dem Ausrutschen bewahren. Das Tränental aus Psalm 84,7 ist Realität. Ich will aber nicht vergessen, dass dort auch von Quellen die Rede ist. Und von der Aussicht, dass man wieder herauskommt, weil man Kraft empfängt, weiterzugehen.«

Es sind einige Jahre vergangen, seitdem meine Freundin ihren Mann verloren hat. Ihre Briefe habe ich, wie gesagt, in der kleinen Schachtel für besondere Briefe aufbewahrt. Manche Schreiber dieser Briefe leben nicht mehr, ihre Gedanken und Erfahrungen sind mir aber ein kostbares Erbe, weil sie ein Glaubenszeugnis ausdrücken und mich dazu inspirieren und dazu auffordern, Gott in allen Umständen zu suchen und mein Vertrauen auf ihn nicht aufzugeben. Das gilt auch für die Briefe der noch Lebenden, die ich aufbewahrt habe. Briefe, in denen persönliches Leid ausgesprochen wird, aber nicht das Sagen hat. Briefe, in denen hingewiesen wird auf den ewigen Gott, der uns einlädt, unsere Zuflucht bei ihm zu suchen und uns von ihm trösten und heilen zu lassen.

Der Herr ist meine Stärke und mein Schild, auf ihn hat mein Herz vertraut, und mir ist geholfen worden.
(Psalm 28,7)

10 Der Viadukt-Mann

Es war bei der Ausfahrt Nr. 7 auf der Autobahn von Amersfoort nach Amsterdam. Dort stand eines Tages ein Mann auf dem Viadukt und winkte. So wie es manchmal Kinder tun in der Hoffnung, dass ein Autofahrer zurückwinkt. Diese Person aber war kein Kind, sondern ein Mann mit gut vierzig Jahren. Und was besonders merkwürdig war: In beiden Händen hielt er ein rundes, hölzernes Brettchen, ähnlich einem Tischtennisschläger, und damit winkte er.

Als ich den Mann zum ersten Mal sah, war ich ein bisschen überrascht, mehr nicht. Ich nahm ihn kurz wahr, als ich mich der Überführung näherte, aber dann war ich schon unten hindurchgefahren, und mich beschäftigten andere Dinge. Als ich einige Tage später aber dieselbe Strecke fuhr und den Mann wieder sah, fragte ich mich, was da los war. Wieso winkt ein erwachsener Mann von einer Brücke aus mit zwei Tischtennisschlägern Autofahrern zu?

Nicht nur ich fand das Ganze merkwürdig, auch andere Menschen wunderten sich. Immer wieder hörte man etwas über diesen Menschen, der jeden Tag stundenlang auf dem Viadukt stand. Für die Autofahrer, die auf dem Weg zur Arbeit täglich an der Stelle vorbeifuhren, wurde der Fremde allmählich zu einer vertrauten Figur. Sie gewöhnten sich daran, von seinem Winken begrüßt zu werden: von zwei hölzernen Brettchen, die hochgehalten und hin und her geschwenkt wurden.

Bald wurde der unbekannte Mann bekannt. Ein Journalist schrieb in einer Zeitung über ihn und nannte ihn den Viadukt-Mann. Er hatte ihn aufgesucht, oben auf der Überführung, aber es war ihm nicht gelungen, Kontakt mit ihm zu herzustellen. Der Mann reagierte nicht auf Worte, sein Blick war starr, er sprach nicht.

Es wurde Herbst und mit dem Herbst kam der Regen. Der Viadukt-Mann ließ sich nicht davon abhalten, von der Brücke herabzuwinken. Während wir sicher und trocken in unseren Autos vorbeifuhren, stand er völlig durchnässt auf seinem gewohnten Platz und winkte uns zu. Die Sache war schon längst nicht mehr merkwürdig, sie war uns allen peinlich. Woher kam dieser Mann, warum stand er da? Und wie war es möglich, dass er nicht einmal bei so starkem Regen zu Hause blieb?

Die Situation muss jemanden sehr bewegt haben, denn eines Tages stand der Viadukt-Mann in hellgelber, wasserdichter Kleidung auf der Überführung: lange Hosen, eine große Jacke und Kapuze. Wir Autofahrer atmeten erleichtert auf. Jetzt war der Mann wenigstens nicht mehr völlig ungeschützt. Jemand hatte sich um ihn gekümmert und ihm Regenkleidung geschenkt. Man munkelte, es sei der Journalist gewesen.

Der Herbst war vorbei, es war Anfang Dezember. Die Geschäfte waren weihnachtlich geschmückt, und das große Einkaufen hatte begonnen. Auch auf dem Viadukt wurde es weihnachtlich. Jemand hatte dem Viadukt-Mann ein Geschenk gemacht – ein kleines Weihnachtsbäumchen stand neben ihm. Es hatte sogar Lichter, und das fiel auf. In der Stoßzeit morgens früh, wenn es noch dunkel war, leuchteten oben am Viadukt kleine Weihnachtslichter. Daneben tauchte, im Schein der Autolampen, immer wieder die inzwischen vertraute Figur des winkenden Viadukt-Mannes auf.

Man fragt sich, warum niemand etwas unternahm, um dem Viadukt-Mann zu helfen. Die Frage habe ich auch mir selbst gestellt. Warum hast du nicht nachgefragt, warum hast du nichts unternommen? Warum haben wir alle, die da immer wieder vorbeifuhren, nicht eingegriffen? Warum haben wir zugelassen, dass ein einsamer Mann monatelang Autos zuwinken musste? Warum war die einzige Hilfe für diesen Mann Regenkleidung und ein Weihnachtsbäumchen? Nun, es haben sich Menschen bei der Polizei gemeldet, doch ihr Anliegen wurde abgelehnt: Man habe nicht das Recht einzugreifen, weil der Mann aus eigenem Antrieb und freiem Willen auf dem Viadukt stehe. Außerdem gelang die Kontaktaufnahme zu ihm ohnehin nicht.

Eines Tages nahm die Geschichte dann doch ein Ende. Der Viadukt-Mann hatte seinen Platz oben auf der Überführung verlassen und sich unten, direkt neben der Autobahn aufgestellt. Dass er dort stand und winkte, war nicht nur für ihn risikoreich, sondern auch für die Autofahrer, weil sie von ihm abgelenkt wurden. So wurde der Viadukt-Mann von der Polizei mitgenommen und kam in eine psychiatrische Anstalt. Daraufhin wurde auch seine Geschichte bekannt, jedenfalls soweit man sie in Erfahrung bringen konnte. Er soll Ingenieur gewesen und als politischer Flüchtling aus dem Mittleren Osten nach Deutschland gekommen sein. Seine letzte Tätigkeit in seiner Heimat war am Flughafen gewesen: Er hatte Flugzeuge zu ihrem Parkplatz gelotst. Als ihm nach seiner Flucht in Deutschland kein politisches Asyl gewährt wurde, kam er nach Holland in ein Heim für Asylsuchende. Es hieß, er sei total traumatisiert gewesen, man habe nichts mit ihm anfangen können. Jeden Tag aber stand er pünktlich auf und ging zum Viadukt, um mit seinen zwei hölzernen Tischtennisschlägern Autofahrern zuzuwinken. Meinte er vielleicht, dass er sie lotsen müsse, wie er einst am Flughafen Piloten gelotst hatte? Wir, die wir unten auf der Autobahn fuhren, hätten das nie gedacht, wir wussten ja nichts von ihm. Wie einsam muss dieser Mensch gewesen sein. Einsam, verlassen und von niemandem mehr gekannt. Außer von demjenigen, der alles weiß, alles sieht und alle kennt. O Herr, erbarme dich!

Du bist der Gott, der mich sieht.
(1. Mose 16,13)

11 Von Liebe umgehauen

Er war Monteur. Ein junger Kerl, den Kopf glatt rasiert, in beiden Ohren Ohrringe, die Arme tätowiert. Er sollte bei einer Familie den Kachelofen reparieren. Weil es mit der Lieferung der benötigten Ersatzteile nicht direkt klappte, musste er ein paar Mal kommen.

Am letzten Tag, beim Kaffeetrinken in der Küche, machte er auf einmal große Augen, als er auf der Anrichte eine Bibel liegen sah. »Seid ihr vielleicht auch Christen?«, fragte er.

Die Frau des Hauses nickte. »Ja, das sind wir.« Sie war überrascht und auch ein wenig peinlich berührt, denn sie hatte das überhaupt nicht erwartet bei diesem Menschen, der so … »anders« aussah.

Der junge Mann begann begeistert zu erzählen: »Ich hatte nichts zu tun mit Gott und so«, sagte er. »Ich lebte mit meiner Freundin bei ihren Eltern. Wir waren abends meistens unterwegs mit Freunden, saßen bis nach Mitternacht in der Kneipe oder hielten uns sonstwo auf. Es wurde oft zu viel getrunken, wir hatten auch mal Probleme …«

Er hielt kurz inne, dann fuhr er fort: »Meine Freundin hatte dann einen anderen, also bin ich bei ihren Eltern ausgezogen. Ich fühlte mich unglaublich elend und wusste nicht direkt weiter. In der Zeit hat mich ein Kollege gefragt, wie es mir gehe. Als ich ihm erzählte, wie es bei mir lief, hat er nicht viel gesagt. Aber am nächsten Tag sagte er mir, dass er mit seiner Frau gesprochen habe und dass ich bei ihnen wohnen könne. Ich fand das schon seltsam, denn ich kannte diesen Menschen eigentlich überhaupt nicht, aber ich brauchte eine Unterkunft …«

Er stand auf, lief zur Anrichte und nahm die Bibel in seine Hand. »Mein Kollege wohnte in einem ordentlichen Reihenhäuschen, hatte eine Frau und zwei Kinder«, sagte er. Er fuhr fort, mit einem schiefen Lächeln: »Mann, o Mann, das war ein Schock, so was hatte ich noch nie erlebt! Und sie hatten wahrscheinlich noch keinen wie mich erlebt. Aber es ging. Ehrlich gesagt, es war überhaupt nicht schlecht, es gefiel mir sogar. Bei ihnen wurde nicht geschrien, ich musste mich nicht verteidigen, die schienen mich einfach so zu akzeptieren, sogar gern zu haben. Das hat mich total umgehauen.«

Er legte die Bibel auf den Tisch und sagte dann: »Dass mein Kollege Christ war, war mir nicht so bewusst gewesen. Und wenn ich es gewusst hätte, hätte es mir nichts bedeutet und mich auch nicht interessiert. Aber als er mir sagte, dass ich bei ihm wohnen konnte …! Würden Sie so etwas tun?«

Ohne auf die Antwort zu warten, fuhr er fort: »Bei diesen Leuten war eben alles anders, als das, was ich vorher mit Menschen erlebt hatte. Sie redeten miteinander. Und sie beteten vor dem Essen und gingen sonntags in die Kirche. Ich schlief dann aus, das war für sie okay. Das Ganze ging mir irgendwie unter die Haut. Ich muss sagen, es war einfach cool, wie sie lebten und wie sie Gott vertrauten. Irgendwann habe ich dann mal locker nachgefragt, warum sie so waren. Und so … bin ich auch Christ geworden.«

Es war still in der Küche. Der Monteur trank seinen kalt gewordenen Kaffee aus, setzte seine Baseballkappe auf und stand auf. Er nahm seinen Werkzeugkasten in die Hand. »Der Kachelofen sollte jetzt in Ordnung sein. Wenn nicht, dann rufen Sie einfach an!« Mit einem Gruß war er verschwunden.

An ihren Früchten werdet ihr sie erkennen.
(Matthäus 7,16)

12 Engel zu Besuch?

Vor Jahren meldete sich eine frühere Bekannte aus Nordamerika, von der ich seit Jahren nichts mehr gehört hatte. Sie schrieb mir, dass sie vorhabe, mit ihrem Mann, ihren beiden Kindern und ihrer Schwägerin eine Europatour zu machen. Ob sie vielleicht ein paar Nächte bei mir übernachten könnten?

Ich bewohnte damals die Hälfte eines kleinen Doppelhauses aus dem Jahr 1937. Ein Gästezimmer hatte ich, das gerade Platz für zwei Betten bot. Auf dem Dachboden, wo sich mein Arbeitszimmer befand, konnte ich eventuell zwei weitere Schlafstätten einrichten. So war ich also auf jeden Fall in der Lage, vier Personen unterzubringen. Es blieb nur Tante Eleanor übrig. Sie hat es ihrem schönen Vornamen zu verdanken, dass ich meine Rumpelkammer ausräumte und daraus ein nettes, kleines Gästezimmer für sie herrichtete.

Für seine Namensvetter muss man etwas übrig haben, nicht wahr?

An einem schönen, sommerlichen Nachmittag holte ich die Familie am Flughafen ab. Durch die lange Reise und die Zeitverschiebung waren sie alle völlig erschöpft. Trotzdem wollten sie so lange wie nur möglich aufbleiben, um sich an die hiesige Zeit anzupassen. So kochte ich ein Abendessen, was aber nur die Erwachsenen schafften. Die zwei Teenies wollten nur eins: schlafen. Ich zeigte ihnen ihre Unterkunft auf dem Dachboden, und sie legten sich – samt Kleidung und in schmutzigen Bergschuhen! – in die frisch gemachten Betten. Es hatte keinen Sinn, ihnen noch etwas zu sagen, sie waren schon fast eingeschlafen.

Zurück im Esszimmer überlegten wir, was jetzt dran wäre. Meine Bekannte meinte, eine kleine Autofahrt täte ihnen gut. So ließen wir die schlafenden Teenies allein im Haus, stiegen ins Auto und machten uns auf den Weg zu einer Tour, die sich bald als sinnlos erwies. Während ich an sehenswerten Stellen vorbeifuhr und alles erklärte, waren meine Gäste auf dem Hintersitz in tiefen Schlaf gesunken. Nur meine Bekannte, die neben mir saß, schaffte es, dann und wann ein Auge aufzumachen und leise zu murmeln, dass

alles sehr interessant und Holland so süß und nied-
lich sei. Als ich – ganz vorsichtig – ein oder zwei Mal
vorschlug, nach Hause zurückzukehren, entgegnete sie
klar und deutlich: Das machen wir nicht; wir müssen
noch wach bleiben, um unseren Jetlag zu überwinden.

Als wir endlich wieder zu Hause waren, gingen auch
die drei Erwachsenen ins Bett. Es war etwa 20 Uhr.
Erleichtert räumte ich den Tisch ab, spülte das Geschirr, sammelte Kleidungsstücke ein, die meine Gäste
da und dort hatten liegen lassen, und bereitete mich
auf den nächsten Tag vor. Meine Bekannte hatte mich
wissen lassen, dass ein Treffen mit Verwandten, die in
Deutschland lebten, vorgesehen war. Sie hatte mich ge-
beten, für sie alle Lunchpakete zu machen. Und das
nicht nur morgen, sondern auch in den Tagen danach.
Etwas überrumpelt hatte ich zugesagt und so machte ich gleich abends noch die ersten Lunchpakete für
den nächsten Tag. Als ich gegen 22 Uhr ins Bett ging,
war es still im Haus. Meine nordamerikanische Truppe
schlief, wofür ich dankbar war. Eine ruhige Nacht wurde es trotzdem nicht.

Es muss etwa drei Uhr morgens gewesen sein, als
ich einen Schlag hörte, dann ein Jammern, dann Füße
auf der Treppe und aufgeregte Stimmen. Als ich aus

meinem Zimmer kam, sah ich Tante Eleanor mit verzerrtem Gesicht unten im Flur liegen. Meine Bekannte, eine tüchtige Krankenschwester, stand beim geöffneten Gefrierfach meines Kühlschranks und holte tiefgefrorene Hühnerbrustfilets. Diese wickelte sie in ein Geschirrtuch und legte sie ihrer Schwägerin auf den verstauchten Fuß.

Ich muss gestehen, dass die Treppen in alten niederländischen Häusern sehr steil sind. Die Treppe in meinem damaligen Haus war keine Ausnahme, sie war eher eine veredelte Stehleiter. Als Tante Eleanor in der Nacht aufgewacht war und sich in der Küche etwas zu trinken hatte holen wollen, war sie schon bei der zweiten Stufe in Schwierigkeiten geraten und dann die Treppe hinuntergerutscht.

Wir standen alle noch im Nachthemd im Gang, als sich auf dem Dachboden etwas rührte. Es waren die beiden Teenies, die schon früh schlafen gegangen waren. Jetzt, in aller Frühe, waren sie wieder ganz da. Mit knurrendem Magen und großem Hunger. Meine Bekannte, ganz mit Tantes Knöchel beschäftigt, beauftragte mich, ihren Kindern etwas zu kochen. Ich schnappte nach Luft, wagte aber nicht, Widerstand zu leisten. So ging ich gegen halb vier Uhr morgens in die Küche und bereitete den lieben Kindern ein warmes Essen, was sie schließlich nicht einmal mochten. Hamburger hatte ich nicht und Hotdogs ebenso wenig. Ketchup? Vielleicht. Irgendwo. Aber wo? Die Kinder waren mürrisch, man sah ihnen an, dass sie wenig Lust zu dieser Europareise hatten. Lebensgefährliche Treppen, Kühlschränke ohne Hamburger und Hotdogs, wie sollte das werden?

Vater John erschien. Er hatte die ehrenvolle Aufgabe, Tante Eleanor samt Hühnerbrustfilets die Treppe hoch und zurück in ihr Zimmer zu tragen. Als er um ein Heilungswunder für seine Schwester betete, betete ich leidenschaftlich mit. Es wäre schließlich furchtbar, wenn die ganze Familie die nächsten Tage nicht aus dem Haus gehen würde, weil Tante nicht gehen konnte! Schlimmeres konnte ich mir kaum vorstellen.

In der Bibel heißt es, dass man behutsam mit seinen Gästen umgehen soll, weil es Engel sein könnten. Ganz vorsichtig gesagt, hatte ich bei diesem Besuch nicht direkt den Eindruck, dass ich fünf nordamerikanische Engel aufgenommen hätte. In diesen Tagen wurde meine Gastfreundschaft hart auf die Probe gestellt. Dass meine Hühnerbrustfilets verloren gingen, ist nicht so tragisch. Dass zwei Teenies mit ihren großen Bergschuhen in meine frischgemachten Betten stiegen, das habe ich inzwischen auch verarbeitet. Dass ich in diesen Tagen zahllose Lunchpakete für meine Gäste und ihre Verwandten machen musste und ständig bereit sein sollte, weil die eine oder andere Person irgendwo abgeholt werden wollte – all das habe ich glücklich verkraftet. Im Rückblick muss ich sagen, dass ich dieses Unternehmen mit *Engelsgeduld* gemeistert habe. Ich frage mich ehrlich gesagt, ob ich in diesen Tagen vielleicht selbst der Engel war?

Die Gastfreundschaft vergesst nicht! Denn dadurch haben einige, ohne es zu wissen, Engel beherbergt.
(Hebräer 13,2)

13 Nicht gelesen, nicht gelebt

Als ich vor einigen Jahren in mein heutiges Haus umzog, kamen Freunde von fern und nah angereist, um beim Umzug zu helfen. Gemeinsam erlebten wir unvergessliche Tage: Wir räumten, packten, schleppten und lachten. Nur Reinhard wurde immer stiller. Er war mit seiner Frau aus Graz angereist und war für die Bücher zuständig. Die meisten davon mussten vom Arbeitszimmer im zweiten Stock hinuntergebracht werden. Wer die steilen, schmalen Treppen in alten niederländischen Häusern kennt, kann sich vorstellen, dass dieses Unterfangen eine echte Qual war. Zum Glück ist Reinhard nicht nur ein guter Freund, sondern auch Doktor der Philosophie und hat daher Verständnis für meinen großen Bücherreichtum. Dass seine Arme vom vielen Kistentragen in den Umzugstagen länger und länger wurden, nahm er in Kauf. Wir nahmen dafür in Kauf, dass er manchmal nicht mehr auftauchte, weil das eine oder andere Buch ihn unterwegs gefangengenommen hatte.

Der Philosoph Cicero hat gesagt, dass ein Raum ohne Bücher ein Körper ohne Seele ist. Ich stimme diesem alten Herrn darin voll und ganz zu. In meinem Haus haben im Lauf der Zeit gut vierzig Meter Bücher Platz gefunden. Es ist zwar gut, immer wieder zu räumen und sich von Dingen zu trennen, aber für Bücher gilt das in meinen Augen nicht. Bücher sind für mich wie Freunde, sie fordern mich heraus, inspirieren und erfrischen mich. Bücher helfen mir zu entspannen und begleiten mich auf meinen Reisen. Ich kann verstehen, was der französische Autor Jules Renard meinte, als er sagte: »Sobald ich alleine bin, das heißt ohne Buch, bin ich mittelmäßig: Mein Tiefgang nimmt ab.«

In meinem Arbeitszimmer stehen vierundzwanzig Meter Bücher. Es sind Bibeln in verschiedenen Sprachen und Übersetzungen sowie zahlreiche Fachbücher, z. B. über Mission, Theologie, Geschichte und Pastorat. Die vielen Bibeln kamen mich einmal teuer zu stehen, als in meiner Gemeinde eine Aktion für Bibeln für China lief. Ein begeisterter junger Mann rief uns dazu auf, unsere Bibeln zu zählen und für jede fünf

Euro zu spenden. Es gibt Menschen, die buchstäblich kostbare Ideen haben!

In der Küche befindet sich mindestens ein Meter Kochbücher. Wild, Salate, englischer High Tea, Irish Stew, Malakofftorte, alles ist da. Auf Papier, wohlgemerkt, und mit wunderschönen Bildern. Manchmal ist allein schon das Lesen dieser Bücher ein Hochgenuss und man muss gar nicht erst kochen, weil man von den Texten und Bildern schon satt ist. Noch mehr Freude macht es aber, Neues auszuprobieren und seine Gäste mit einem besonderen Mahl zu überraschen. Am großen, schön gedeckten Esstisch in aller Ruhe beisammensitzen, genießen, plaudern, über das Leben philosophieren, sich über Bücher austauschen, kurz: Tischgemeinschaft pflegen – das ist ein urbiblischer Genuss.

Der niederländische Autor Jan Wolkers hat einmal gesagt: »Bis sie in meinen Regalen verschwinden, lebe ich zwischen Stapeln von Büchern, wie zwischen blühenden Büschen.« Ich kann das nachvollziehen. *Im Wohnzimmer* sind etwa acht Meter Kunst, Kultur, Musik, Natur, Reisen, Biografien und einige Romane in zwei Bücherschränken links und rechts vom Kamin untergebracht. Andere Bücher liegen immer irgendwo griffbereit herum, darunter Biografien von älteren und jüngeren Glaubenshelden, deren Lebensgeschichten das eigene Leben inspirieren. Dass auch das Bilderbuch »Hänschen im Blaubeerenwald« auf einem kleinen Lesetisch im Wohnzimmer liegt, ist kein Zufall. Es ist seit meiner Kindheit eines meiner Lieblingsbücher, allein schon wegen der traumhaften Illustrationen. Ich vermute, dass Hänschen mit schuld daran ist, dass ich leidenschaftlich gerne Heidelbeeren pflücke und im Garten Johannisbeeren und Heidelbeeren angepflanzt habe.

Im Gästezimmer finden meine Gäste über zwei Meter Romane. Die schenke ich mir dann und wann, wenn ich am Flughafen lange warten muss oder ein ruhiges Wochenende erwarte. Von Autoren wie z.B. John Grisham, Nicholas Sparks oder Chaim Potok sind mehrere (wenn nicht alle vorhandenen) Titel da. Auch die alte englische Kinderserie »Anne of Green Gables« über ein Waisenmädchen, das von einem Geschwisterpaar mittleren Alters adoptiert wird, ist im Gästezimmer zu finden. Kinderlektüre, tatsächlich, aber sie gehört zu den Büchern, bei denen Jung und Alt wegträumen kann. Vielleicht erhoffe ich mir damit, dass meine Gäste morgens nicht allzu früh erscheinen und abends nicht allzu spät verschwinden?

Im Mansardenzimmer schließlich, das für Kinder vorgesehen ist, sitzen abgenutzte Kuscheltiere vor einem Bücherregal, das mit Kinderbüchern und Spielen gefüllt ist. Wieder ein guter Meter Bücher. Pinocchio, Hector Malots »Heimatlos«, Nils Holgerssons wunderbare Reise, die Märchen von Hans Christian Andersen und den Brüdern Grimm und Geschichten von Patricia St. John. Für Kinder, die gerne lesen, ist dieses Zimmer ein Paradies. Und für die Erwachsenen, die im Wohnzimmer ungestört miteinander reden wollen, ein großer Segen.

Ich lebe nach dem Motto »Nicht gelesen, nicht gelebt«. Das gilt zuallererst für das eine Buch, das sechsundsechzig Bücher enthält. Mit neunzehn Jahren durfte ich Jesus kennenlernen; damals begann meine Entdeckungsreise durch Gottes Wort. In den Jahren danach ist mir die Bibel Wegbegleiter, Kompass und Nahrung auf meiner Reise durch diese Welt geworden. Ohne sie könnte ich mir das Leben nicht mehr vorstellen.

Dein Wort ist meines Fußes Leuchte und ein Licht auf meinem Weg.
(Psalm 119,105)

14 Immer gespannt auf das,
was Gott vorhat

In den Jahren, als ich beim niederländischen Fernsehen arbeitete, ging es eines Tages für ein Interview mit Patricia St. John nach England. Die bekannte britische Autorin muss zu dieser Zeit Anfang siebzig gewesen sein. Sie war als junge Frau in den Jahren direkt nach dem Zweiten Weltkrieg mit ihrem Bruder nach Marokko gezogen, um ihn bei seiner Missionsarbeit zu unterstützen. Im Krankenhaus von Tanger, wo er Chefarzt war, fand sie eine Anstellung als Krankenschwester; dazu war sie für den gemeinsamen Haushalt zuständig. Einige Zeit, nachdem ihr Bruder geheiratet hatte, zog Patricia in die Berge im Norden Marokkos, wo sie in einer abgelegenen Region in einer Dorfklinik arbeitete und Kinderstunden hielt.

Nun war Patricia vor einigen Jahren als Rentnerin in ihre Heimat zurückgekehrt. Sie hatte bei der

Wohnungssuche einen besonderen Wunsch gehabt, und zwar wollte sie sich nach wie vor für Kinder und Jugendliche einsetzen. So kam es, dass sich die Seniorin nicht in einer ruhigen Nachbarschaft niederließ, sondern eine einfache Wohnung in einem heruntergekommenen Stadtviertel bezog. Es war ein »Problemviertel« – viele der Einwohner dieses Stadtteils waren alleinerziehende Eltern; es gab viel Arbeitslosigkeit, Alkoholprobleme und Gewalt, und es wimmelte von Kindern und Jugendlichen, die ohne Aufsicht herumhingen, weil die Eltern keine Zeit und sie selbst nichts zu tun hatten.

Als ich Patricia begegnete, war ich beeindruckt von ihrer positiven Lebenseinstellung und großen Gastfreundlichkeit. Ihr Häuschen war klein, es hatte aber Platz für eine jede, die anklopfte. Die Scheune mit dem Billardtisch war schon bald der Treffpunkt vieler Jugendlicher geworden. Es war ein reges Ein- und Ausgehen und es gab für alle eine Tasse Tee oder Kaffee, für die Jugendlichen Limonade und für alle ein freundliches Wort.

In den Tagen, die wir miteinander verbrachten, unterhielten wir uns intensiv. Es ging um die Jahre in Tanger und die Zeit danach, in den Bergen Marokkos.

Und natürlich um die neuen Aufgaben, die Patricia nun in ihrer Heimat gefunden hatte. Es waren kostbare Stunden, die wir miteinander erlebten. Ich begegnete in dieser bekannten Autorin einer äußerst bescheidenen Frau, für die es selbstverständlich war, anderen zu dienen und ihnen Gottes Liebe und Barmherzigkeit zu zeigen. Ich weiß nicht, wie viele Menschen während meines Besuches bei ihr angeklopft haben; es waren aber einige. Viel Ruhe erlebte diese liebe Rentnerin nicht.

Als es langsam Zeit wurde, uns zu verabschieden, hatte ich noch eine Frage. Ich war besorgt um Patricia, denn es ging ihr gesundheitlich nicht so gut. Wie sollte es weitergehen? Es stellte sich heraus, dass diese Frage auch Patricia schon länger beschäftigte. Sie hatte sich bereits vor einiger Zeit nach Möglichkeiten eines betreuten Wohnens in der Gegend erkundigt, und es stand nun bald ein Umzug bevor, und zwar in ein Altenheim. Als Patricia mir das sagte, wusste ich nicht direkt, wie ich darauf reagieren sollte. In ihrem heutigen Wohnort war sie wie eine Spinne in ihrem Gewebe: Sie war rundum geliebt und gefragt; sie hatte alle Hände voll zu tun. Wie sollte das jetzt werden? Ob es ihr gelingen würde, sich in einer so völlig anderen

Umgebung zurechtzufinden? Meine Sorge war unberechtigt: Bevor ich etwas sagen konnte, sah mich Patricia strahlend an. »Ich freue mich schon so auf meine neue Lebensphase«, erzählte sie mir. »Ich bin einfach gespannt, was Gott in diesem Heim mit mir vorhat. Er hat den Weg für mich geebnet, er hat mir den Platz bereitet. Dann wird er doch auch dort seine Pläne mit mir haben!?«

Ich weiß nicht, wie es Patricia in ihrem neuen Wohnort erging; dennoch bin ich mir sicher, dass sie dort neue Aufgaben fand und Menschen zum Segen wurde. Von ihrer Einstellung bin ich bis heute tief beeindruckt. Ihre Hingabe wie auch die feste Überzeugung, dass Gott ihr zeigen würde, wo und wie sie ihm dienen könnte, ist eine Herausforderung für das eigene Leben.

Patricia ist nach dem Umzug ins Altenheim noch ein letztes Mal umgezogen, und zwar endgültig. Ihr himmlischer Vater holte sie 1993 zu sich; sie lebt jetzt im Himmel.

Befiehl dem Herrn deinen Weg und vertraue auf ihn,
so wird er es vollbringen.
(Psalm 37,4)

15   Der nette Nachbar

Ich habe ein intensives Wochenende hinter mir. Ein großes Treffen mit einigen Tausend Menschen, vielen Begegnungen und Gesprächen und wenig – zu wenig – Schlaf. Als ich am Flughafen einchecke, bin ich dankbar, dass ich im Flieger einen der sogenannten »long leg seats« bekommen kann, einen Sitzplatz beim Notausgang.

Einige Stunden später ist es so weit. Ich erreiche meinen Sitz im Flugzeug und setze mich dankbar und zufrieden hin. Jetzt muss ich abwarten, wer mein Nachbar wird. In einem kurzen Gebet sage ich meinem himmlischen Vater, dass ich dankbar wäre für eine nette und vor allem ruhige Person. Wenn es irgendwie geht, möchte ich die Flugreise dazu nutzen, etwas Schlaf nachzuholen.

Während die Passagiere ihren Platz suchen und

ihr Handgepäck in der Gepäckablage verstauen, halte ich schon ein bisschen Ausschau nach meinem noch unbekannten Nachbarn. Dann sehe ich einen jungen Mann in der Reihe. Er fällt in der grauen Masse von meist schwarz oder grau gekleideten Menschen auf, weil er einen hellbraunen Samtcordanzug und ein ebenso helles violettes Hemd trägt. Mir kommt es vor, als sei ich wieder in die Siebzigerjahre zurückversetzt, als ich studierte und diese Kleidung die Uniform der Alternativen war. Nur seine Haare passen nicht in diese Zeitepoche, denn sie sind kurzgeschnitten.

Ich schaue den Mann etwas genauer an. Er ist groß und schlank und hat ein schmales, spitziges Gesicht, das mich ein bisschen an eine Maus erinnert. Während er seinen Sitzplatz ansteuert, scheint er sich seiner Umgebung gar nicht bewusst zu sein. Er ist voll und ganz mit seinem Handy beschäftigt; auf seine Mitpassagiere achtet er überhaupt nicht. Immer wieder stößt er mit der einen oder anderen Person zusammen, aber das scheint ihn nicht zu stören.

Ach Herr, denke ich, doch nicht der! Er kommt mir vor wie ein Computer-Nerd, so einer, der sich in der digitalen Welt wohler fühlt als unter Menschen und der die Anwesenheit anderer nur dann erträgt, wenn es sein muss. Aber schon steht er da, holt sich eine dicke Mappe aus seinem Koffer, hievt ihn in das Gepäckfach und setzt sich neben mich. Wir begrüßen uns kurz, dann macht er sich gleich an seine Arbeit. Sein Handy hat er ausgeschaltet und weggesteckt, jetzt beschäftigt ihn die Mappe voller Papiere, die er offenbar durchlesen muss. Ganz entspannt macht er es sich bequem. Sein linker Arm schiebt meinen Arm von der gemeinsamen Armlehne herunter, seine Beine streckt er so aus, dass ein seltsam großer gestiefelter Fuß direkt vor meinem Sitzplatz steht. Es scheint ihm überhaupt nicht einzufallen, dass seine Nachbarin vielleicht auch ein bisschen Platz braucht. Dieser egoistische Mensch macht sich so breit, dass mir nichts anderes übrigbleibt, als meine Füße unter meinem Sitz wegzustecken und mich ganz gegen die Wand des Flugzeuges zu drücken. Es ist gut, denke ich, dass ich beim Notausgang sitze: Wenn es zu eng wird, steige ich einfach aus.

Inzwischen ist das Flugzeug aufgestiegen, wir sind durch die Wolkendecke hindurch und befinden uns hoch über der Erde. Ich bin müde und verärgert über den beschränkten Platz, den mir mein Nachbar gelassen hat. Ich will etwas sagen, meinen Raum verteidigen, aber wie soll ich anfangen? »Sicherlich haben Sie zu Hause einen eigenen, sehr breiten Lehnsessel«? Ich ermahne mich. Das ist zynisch und kindisch. »Ich bitte Sie, ich kann mich nicht noch kleiner machen, bald sitze ich draußen«? Nein, das klingt kläglich. »Meine Güte, haben Sie lange Arme und Beine!«? Das passt auch nicht, da könnte er meinen, ich mache ihm ein Kompliment. Vielleicht sollte ich vorerst mal nichts sagen, sondern meinen Nachbarn mit meinem rechten Arm ein bisschen stoßen? Ich probiere es, aber er merkt es nicht einmal, er geht ganz in seiner Arbeit auf. Gekränkt ziehe ich mich in mein kleines Eckchen zurück.

Wir sind ungefähr zwanzig Minuten unterwegs, das Ganze wird mir langsam unbehaglich. Ich weiß bald nicht mehr, wie ich sitzen soll. Dann wage ich es mit einem äußerst originellen Eröffnungssatz. »Where do you come from?« – Wo kommen Sie her? Es wirkt. Der Mann blickt auf und antwortet. Er ist Pole und geschäftlich unterwegs. Er ersetzt einen Kollegen, der ein Meeting in den Niederlanden hätte, aber erkrankt ist. Bald entspinnt sich ein interessantes Gespräch. Mein Nachbar ist Ingenieur und arbeitet bei einer internationalen Firma. Er hat tatsächlich mit Computern zu tun, dennoch ist er nicht der Nerd, für den ich ihn hielt. Er ist verheiratet und hat eine zweijährige Tochter. Seine Frau versucht, Mutterschaft, Studium und Arbeit unter einen Hut zu bringen. Sie macht eine Doktorarbeit, irgendetwas mit internationalem Recht. Als er erfährt, dass ich gerade bei einer christlichen Missionskonferenz war, kommt er auf Religion zu sprechen. Er ist enttäuscht von Korruptionsgeschichten in kirchlichen Organisationen und fragt mich, wie ich die Sex-Skandale in der katholischen Kirche bewerte? Ich schlucke und versuche, Worte zu finden, um ihm zu erklären, dass Gottes Kirche auf Erden Risse und Flecken aufweist, weil ihre Mitglieder sündige Menschen sind. Sexueller Missbrauch ist nicht zu rechtfertigen, sage ich. Es sei aber ungerecht, Gott danach zu beurteilen, wie sich christliche Menschen benehmen.

Ganz vertieft in unser Gespräch merke ich nicht einmal, dass ich mehr Platz bekommen habe. Beim Reden hat sich mein Nachbar mir zugewendet, und damit hat er, samt seinem Riesenfuß, eine andere Position eingenommen. Sein Gesicht wirkt überhaupt nicht mehr maus-ähnlich, er hat ein freundliches, sogar etwas verschmitztes Lächeln. Er ist ein netter Mensch, ich mag ihn!

Nachdem das Flugzeug in Amsterdam gelandet ist, reicht mir mein Nachbar mein Handgepäck und wir verabschieden uns. »Ich wünsche Ihnen«, sagt er, »dass Sie weiterhin Menschen inspirieren werden«. Ich danke ihm und schäme mich wegen der negativen Gedanken, die ich anfangs über diesen freundlichen Mann hatte. Und dies nur auf Grund seiner Erscheinung und seines egozentrischen Benehmens – dessen er sich überhaupt nicht bewusst gewesen war.

Wieder zu Hause, entdecke ich während eines Einkaufsbummels ganz überraschend einen Samtcordrock, der mir so gut gefällt, dass ich ihn gleich kaufe. Es kommt mir gar nicht der Gedanke, dass das »70er-Jahre« und »alternativ« bedeuten könnte. So zu denken und Menschen nach ihrer Kleidung ein Etikett aufzukleben, ist doch wirklich engherzig. Ich sollte es besser wissen: Wir sind alle Unikate Gottes und damit etwas Besonderes.

Der Mensch sieht auf das, was vor Augen ist, aber der Herr sieht auf das Herz.
(1. Samuel 16,7)

16 Glückselig die Sanftmütigen

In den Jahren, in denen ich in Österreich lebte, lernte ich Noldi und Barbara kennen. Wir trafen uns öfters und hatten uns immer viel zu erzählen. Dabei stellte Noldi stets dieselbe Frage: »Was hat sich in letzter Zeit zwischen dir und deinem himmlischen Vater getan? Hast du Neues entdeckt, seine Stimme gehört?«

Ich war Anfang zwanzig, er Mitte fünfzig. Ich mochte ihn, trotz seiner direkten Frage. Eigentlich mochte ich diese Frage auch. Denn sie machte mich nachdenklich. Ich, die es leichter fand, für Gott zu rennen, als mit ihm zu wandeln, habe bei diesem Menschen gesehen, was es heißt, in Gemeinschaft mit Gott zu leben.

Ich lebte schon lange nicht mehr in Österreich, als Noldi ernsthafte Herzbeschwerden bekam. Als ich eines Tages in der Gegend der beiden war und spontan bei ihnen vorbeischaute, traf ich sie nicht zu Hause an.

Eine Nachbarin sagte mir, dass sie am Tag zuvor ins Krankenhaus gefahren waren, weil es Noldi nicht gut ging. So fuhr ich zum Spital, wo ich die beiden auf dem Gang der Pflegestation traf. Noldi hatte die Nacht dort (im Gang!) verbracht, weil alle Zimmer belegt waren. Zwar gab es noch freie Betten, doch die waren für Privatpatienten reserviert und nicht für die, die gesetzlich versichert waren.

Ich war entsetzt. Wie ungerecht, dass ein so kranker Mensch im Gang liegen musste! Und dann gerade Noldi, der so viel für andere getan hatte. Aufgeregt stürmte ich zum Verwaltungsbüro und beklagte mich über diese in meinen Augen unmögliche Behandlung. Erst als man zusagte, Noldi in ein anständiges Zimmer zu bringen, kehrte ich zurück zum Gang, wo sein Bett stand.

Als ich mich vorsichtig auf die Bettkante setzte, sah mich Noldi zu meinem Erstaunen freudestrahlend an. Ohne zu wissen, was sich gerade im Verwaltungsbüro abgespielt hatte, sagte er: »Noor, ist das nicht fantastisch, dass man mein Bett hier auf den Gang gestellt hat?« Ich riss meine Augen überrascht auf. Das konnte doch nicht wahr sein, ich traute meinen Ohren nicht! Als meine Reaktion ausblieb, sprach Noldi weiter. »Durch meine Herzbeschwerden habe ich schon lange nicht mehr tun können, was ich leidenschaftlich gerne tue: Menschen besuchen und ihnen von Jesus erzählen. Jetzt, in den letzten Tagen meines Lebens, schenkt mir Gott eine ausgezeichnete Gelegenheit, mit fremden Menschen über ihn und sein Evangelium ins Gespräch zu kommen. Hier, im Gang, kommen viele vorbei. Wenn mich Leute fragen, warum ich hier liege, erzähle ich ihnen, dass ich auf dem Weg in die Ewigkeit bin.« Er lächelte. »In der Nacht haben mir einige, die bei einem geliebten Menschen wachten, von ihrer Not erzählt. Unglaublich, wie offen Menschen manchmal sind! Und unfassbar, dass ich so frei mit ihnen über Jesus reden kann! Das ist wirklich ein strategischer Ort, den mir der Herr hier gegeben hat!«

Oft denke ich an diese meine letzte Begegnung mit Noldi zurück. Ich meinte, er habe das Recht auf ein anständiges Zimmer im Krankenhaus. Ich wollte einen Ehrenplatz für ihn! Er aber freute sich über sein Bett im Gang. Nicht weil das so angenehm war, sondern weil er dort Gott dienen konnte. Und den Menschen.

Ob ich nun wenig oder viel habe, ich habe gelernt, mit jeder Situation fertig zu werden.
(Der Apostel Paulus in Philipper 4,12; NLB)

17 Das Zeltmeeting

Nach einer Konferenz im Norden Deutschlands
bin ich mit dem Auto unterwegs zum nächsten Dienst. Am Abend erwartet mich eine Frauen-
veranstaltung in einer Lutherischen Gemeinde. Wir –
meine Mitarbeiterin und ich – sind gespannt. Der Ort
ist klein, dennoch rechnet man mit einer beachtlichen
Anzahl von Besucherinnen.

Wir sehen die Kirche schon von Weitem. Gleich
fallen auch die Baugerüste auf, die Kirche wird offensichtlich renoviert und ist zurzeit nicht zugänglich.
Dafür steht auf einer Wiese ein riesiges Zelt. Ob sich
die Gemeinde dort trifft und ob heute Abend die Veranstaltung im Zelt stattfinden wird? Es ist März und
eisig kalt …

Wir parken das Auto und gehen auf das Pfarrhaus
zu. Auf unser Klingeln hin erscheint eine junge Frau

in einem langen goldenen Gewand, ihr Kopf ist bedeckt mit einem langen Tuch. Sie sieht aufgeregt aus und ist außer Atem. »Kommt herein«, sagt sie. »Wir sind vollauf beschäftigt mit den letzten Vorbereitungen für heute Abend, es muss noch viel getan werden. Ich zeige euch eure Zimmer, in der Küche stehen Kaffee und Kuchen bereit, ihr findet euch bestimmt zurecht.« Ohne auf unsere Antwort zu warten, erzählt sie uns, dass entschieden wurde, den Abend im morgenländischen Stil zu gestalten. Das passt, denn beim Vortragsthema ›Blumen in der Wüste‹ geht es um Leah, eine der Frauen des Erzvaters Jakob, der ja mit seiner Großfamilie im Nahen Osten lebte.

Das Frauenteam, das den Abend gestaltet, hat sich gut in die Welt der Erzväter eingelebt. Die Frau im langen Gewand erzählt uns, dass alle Mitglieder des Teams wie Nomaden gekleidet sind. In einem Anspiel soll die Hochzeit von Jakob und Lea dargestellt werden, israelische Tänze sind einstudiert worden und ein Flötenspiel ist vorgesehen. Das Letztere muss noch geübt werden. Und, o ja, sie hat sich uns noch gar nicht vorgestellt: Sie ist die Pfarrfrau.

Als wir etwas später ins Zelt kommen, sind wir beeindruckt von dem, was da geleistet wurde. Tische und

Bänke sind aufgestellt, und es ist für 110 Personen ein Essen vorbereitet, denn so viele haben sich angemeldet. Auf dem Podium stehen ein paar Hocker, die mit Schaffellen bedeckt sind und Schafe darstellen sollen. Die Pfarrfrau erzählt uns, dass sie eigentlich vorhatten, lebendige Schafe ins Zelt zu holen, aber der Bauer, der ihnen die Schafe ausleihen wollte, hatte dann doch abgesagt. Die Schafe seien zu wild. Daraufhin hatte man eine Ziege bestellt, aber diese war, womöglich vor lauter Vorfreude auf ihren Auftritt, am Dienstagabend gestorben. Ich denke, aber spreche es nicht aus, dass das nicht so tragisch ist.

Inzwischen sind einige Männer angekommen. Sie schleppen schwere Heizungskanonen und arbeiten an der Technik. Auch der Pfarrer packt mit an. Jetzt treffen Frauen mit Körben und Schachteln voller Essen ein, die Tische werden gedeckt und die Teller vorbereitet. Jeder Gast bekommt ein Stück Brot, etwas Ziegenkäse, ein paar Fleischbällchen, Oliven und einige Trauben. Auf dem Podium üben die Flötenspieler.

Gegen 19 Uhr kommen die ersten Gäste an. Sie werden am Zelteingang herzlich begrüßt und suchen sich einen Platz an den Tischen. Die Pfarrfrau fliegt nach wie vor hin und her. Wäre ihr goldenes Kleid kürzer gewesen wäre, dann hätte sie ohne Zweifel noch schneller rennen können. Aber nicht nur sie, sondern auch die übrigen Mitarbeiter haben alle Hände voll zu tun, damit alles in geordneten Bahnen verläuft.

Nun kommt die große Probe. Die Tische sind besetzt, aber der Besucherstrom nimmt nicht ab. Es werden hastig ein, zwei extra Tische aufgestellt und neue Teller vorbereitet. Während die neuen Besucher erst ihren Platz suchen, wird an anderen Stellen schon gemeldet, dass die Teekannen leer sind. Das Team geht im Laufschritt durch das Zelt, alle haben rote Wangen. Aber noch ist es nicht genug. Es kommen immer noch mehr Besucher, es werden noch mehr Tische gebraucht. Ob wir vielleicht um Brot- und Käsevermehrung beten sollten? Das ist nicht nötig. Das Team hat inzwischen Männer losgeschickt, um in größter Eile in einer Snackbar zusätzliches Essen einzukaufen. Andere schleppen weitere Tische und Stühle heran. Es scheint alles unter Kontrolle zu sein. Gerade noch.

Als der Abend beginnt, ist die Besucheranzahl auf über 200 gestiegen. Es herrscht eine Spitzenstimmung, die sich noch steigert, als das Frauenteam – inzwischen ziemlich ermüdet, aber nach wie vor ganz begeistert – einen israelischen Tanz aufführt. Der Tanz gelingt, das

Flötenspiel auch, obwohl vor allem die Pfarrfrau so aufgeregt ist, dass sie kaum noch Luft zum Blasen hat. Ein Pfarrer aus einem Nachbarort schlägt mit großer Hingabe auf einer afrikanischen Trommel.

Das Anspiel der Hochzeit von Lea und Jakob leitet uns in das Thema des Abends ein. Nach jeder Aufführung klatscht »unser« Pfarrer, der Mann der jungen Frau in Gold, seine Hände rot. Auch das Publikum zeigt sich enthusiastisch und klatscht begeistert mit.

Dann bin ich dran. Wir haben lange vorher besprochen, dass ich wegen einer Knie-Operation bei meinem Vortrag ein Podest mit Tisch und Stuhl brauche, da ich noch nicht lange stehen kann. Man hatte dies im Trubel vergessen, aber schnell werden die Sachen geholt, und dann kann es richtig losgehen. Das Podest aber erweist sich als zu schmal für den Stuhl, der deshalb gleich über den Rand kippt. Es wird ein zweites Podest gesucht. Und gefunden. Das einzige Problem ist, dass es nicht stabil ist. Nicht nur der Stuhl kippt um, auch der Tisch bleibt nicht stehen. Bei all diesem Durcheinander ist die Heiterkeit im Saal nicht mehr zu bändigen, Menschen biegen sich vor Lachen, der Abend ist jetzt schon gelungen. Als ich endlich – äußerst behutsam – auf dem Podest zu sitzen komme, meine Bibel vor mir auf einem Hocker, der mit einer Kuhhaut überzogen ist, sind wir alle fast krank vor lauter Lachen.

Jetzt sind Sie sicherlich gespannt, wie diese Veranstaltung schließlich verlaufen ist? Nun, nach aller Unruhe haben wir gemeinsam entdeckt, wie gut es ist zu lernen (und zu üben!), in allen Umständen auf Gott zu vertrauen. Wir haben gesehen, wie Lea es schaffte, trotz ihrer schwierigen Umstände, nämlich einer Ehe ohne Liebe, Gott zu loben. Wie gut es tut, nicht hängenzubleiben an Dingen, die uns belasten, sondern Gott zu danken. Nicht weil alles gut ist, sondern weil er da ist und uns nicht verlässt.

Spät am Abend sitzen meine Mitarbeiterin und ich noch gemütlich mit dem Pfarrer und seiner Frau im Pfarrhaus zusammen und reden und beten miteinander. Am nächsten Morgen verabschieden wir uns, und es geht weiter zu einem nächsten Dienst im Osten Deutschlands. Was uns dort erwartet, werden wir sehen.

Mache weit den Raum deines Zeltes, und deine Zeltdecken spanne aus!
(Jesaja 54,2)

18 Oma und ich

Ich bin kein Mensch, der im Urlaub unbedingt große Sachen unternehmen muss. Am liebsten lasse ich mich irgendwo nieder und versuche, mich dort, wo ich bin, einzuleben und mit den Menschen am Ort in Kontakt zu treten. Immer bin ich überrascht, welchen Gewinn ich von spontanen Begegnungen oder Gesprächen habe. Man kann solche Dinge nicht planen, man muss dafür nicht einmal Kraft aufbringen, sondern sie einfach geschehen lassen.

Fragen Sie mich nach einer unvergesslichen Urlaubserfahrung in den letzten Jahren, dann erzähle ich Ihnen, wie ich zusammen mit einer alten, an Alzheimer erkrankten Großmutter Zwiebeln geschält habe. Die Familie der Frau führte eine Taverne auf einer griechischen Insel. Die Oma war ganz auf die Hilfe anderer angewiesen und wurde von ihrer Familie versorgt. Weil Kinder und Enkel im Betrieb alle Hände voll zu tun hatten, blieb die Oma meist im Haus oder auf einem Stuhl direkt vor der Küche der Taverne. Dort saß sie, eingekehrt in ihre eigene Welt. Meist schwieg sie, manchmal murmelte sie vor sich hin. Und immer zupfte sie an ihrer großen Schürze herum, die sie über ihrer schwarzen Witwenkleidung trug.

Ich weiß nicht mehr, wie es kam – jedenfalls setzte ich mich eines Tages auf der Terrasse vor der Küche zu ihr, und wir fanden eine gemeinsame Beschäftigung: Zwiebeln schälen. Und das nicht nur einmal, sondern mehrere Male. So wie es eben kam. Sicherlich finden Sie das verrückt, dass man im Urlaub freiwillig Zwiebeln schält, aber uns beiden – der griechischen Oma und mir – machte es viel Freude. Die Alzheimer-Krankheit hatte die alte Frau allmählich aus ihrem Alltag hinaus in eine stille, verschlossene Welt gedrängt. Sie verbrachte unendlich lange Tage in Wolken des Nichtverstehens und des Nichts-mehr-Wissens. Und dann auf einmal fanden ihre Hände eine Beschäftigung, die ihr vertraut war: Zwiebeln schälen für die Küche, wo ihre Töchter und die Enkel in großen Kesseln rührten, wo viel Betrieb war und wo es gut roch, so gut wie schon immer. Statt einfach dazusitzen und vor sich hinzustarren, wurde sie jetzt gebraucht. Es ist unglaublich: Zwiebeln schälen konnte sie noch und sie tat es mit äußerster Konzentration. Manchmal redete sie dabei, aber ihre Worte waren, so sagte man mir, ohne Zusammenhang. Das war kein Problem, denn wir brauchten keine Worte, wir hatten es auch so gut miteinander. Wir schälten haufenweise Zwiebeln und weinten Ströme von Zwiebeltränen, was herrlich heilsam und entspannend war.

Seien Sie ehrlich: Das ist doch eine außergewöhnliche Erfahrung, auf einer kleinen Terrasse am Ägäischen Meer Zwiebeln zu schälen? Es war Urlaub, ich hatte sonst keine Pläne, meine Einstellung war: Komme, was mag. Ohne Worte tauchte ich ein in das Leben einer kleinen griechischen Familie, die seit über fünfzig Jahren eine Taverne am Meer führt. Eine kulturelle Erfahrung, das war es. Oder vielleicht eher eine kulinarische? Schließlich bereiteten wir gemeinsam griechische Gerichte vor. Wir zwei, Oma und ich, waren ein wichtiges Glied in einem großen Geschehen, wir waren mitverantwortlich für den Erfolg der Taverne. Ohne uns wäre alles nichts gewesen, denn was wäre der Griechische Salat oder Pastitsada ohne Zwiebeln? Die *Mediterrane Cuisine* ist so gesund wie keine andere

Küche. Und Zwiebeln schälen ist therapeutisch: Ohne die Hilfe von Psychologen – was eine kostbare Sache ist – weint man sich einmal richtig aus und wird heil. Dank Oma und den Zwiebeln wurde dieser Urlaub zu einer Erholung pur – ich kehrte völlig ausgeruht und zufrieden in die Niederlande zurück.

Verwirf mich nicht zur Zeit des Alters; beim Schwinden meiner Kraft verlass mich nicht!
(Psalm 71,9)

19 Groß gedacht

Bei einem Ausflug auf einer griechischen Insel hielten wir vor einer kleinen Ortschaft an. Sie war vom Tourismus noch unberührt. An der Straße, die durch den Ort führte, gab es nur einen winzigen Laden und ein *Kafenion*, ein kleines griechisches Kaffeehaus. Dazu kamen noch zwei Schilder mit wichtigen Informationen. Eins davon wies auf eine alte Kirche hin, die allerdings geschlossen war, das zweite auf eine Galerie.

Die Galerie war mit ein Grund dafür, dass wir die Ortschaft besuchen wollten. Vor einigen Jahren war ich dort einem Maler aus Wales begegnet. Er hatte sich mit seiner Frau in dem Dorf niedergelassen und eine kleine Galerie eröffnet. Seine Bilder zeigten seine Faszination und Liebe für die mediterrane Welt – Sonne, Meer und Fischerboote. Der Künstler liebte das unkomplizierte Leben auf der Insel und hoffte, noch einige Jahre bleiben zu können. Ich freute mich auf eine neue Begegnung, war gespannt, wie es ihm und seiner Frau jetzt ging. Es erwartete uns aber eine Enttäuschung.

Als wir zur Galerie hochgeklettert waren, fanden wir diese, wie auch das Wohnhaus des Ehepaars, leer und verlassen. Der Künstler und seine Frau waren offensichtlich nicht mehr da. Das galt nicht nur für sie, denn in vielen Dörfern, aber auch auf dem Lande, fanden wir verlassene Häuser. Da, wo einst Familien gelebt hatten, wo Kinder geboren und aufgewachsen waren, standen jetzt Ruinen – die Fenster ohne Scheiben, die Türen kaputt oder nicht mehr da, die Dächer und Wände teils eingestürzt, alles überwuchert von Pflanzen und von Olivenbäumen, die sich frech eingenistet hatten in Löchern und Spalten und sich trotz Enge und Dürre einen Weg emporgebahnt hatten.

Wir waren vielleicht eine halbe Stunde unterwegs, als wir auf einmal vor einem vornehmen eisernen Tor standen, das Zugang bot zu einem verwilderten Garten und einer riesigen Villa. Das Tor stand offen, das Haus war unbewohnt. Als wir näherkamen, sahen wir, dass es nicht nur verlassen, sondern auch demoliert war. Alle Fensterscheiben waren eingeschlagen, die

Außentüren und Fensterläden entfernt – wir fanden sie später samt vielen anderen Gegenständen im leeren Schwimmbad, bedeckt von Regenwasser, zu einer Schlammgrube verkommen. Der Schaden an dieser großen Villa war offensichtlich bewusst angerichtet worden. Die leeren Coladosen und Weinflaschen, die Verpackungen von Chips und Süßigkeiten, die ums Haus herumlagen, deuteten darauf hin, dass Jugendliche dort gehaust hatten. Vielleicht war die verlassene Villa im Lauf der Zeit ihr Treffpunkt geworden. Aber, warum hatten sie sie zu vernichten begonnen? Es war purer Vandalismus, man hatte alles zerschlagen.

Im Haus selbst sah es nicht viel besser aus, dennoch konnte man den ursprünglichen Prunk noch erahnen. Wir zählten vier Badezimmer, ausgestattet mit wunderschönen Fliesen und allem Komfort – Waschbecken, Dusche, WC, Bidet. Es gab zwei Küchen, eine im Haus und eine überdachte im Garten. Wir zählten etliche Schlafzimmer, alle mit handgemachten Kleiderschränken, manche mit offenem Kamin. Der Boden im Flur war bedeckt mit einem Mosaik aus Fliesen, die vornehme Treppe hatte ein feines, hölzernes Geländer. Draußen, auf einer erhöhten Terrasse mit Aussicht aufs Meer, befand sich ein riesiges Schwimmbad mit Sprungbrett. Alles atmete Luxus und Reichtum. Und … Zerstörung. Im Haus hatte man losgerissen und entfernt, was nicht niet- und nagelfest war. Die Fliesen im Bad und der Mosaikboden im Gang waren kaputt, die Einrichtungsgegenstände in Bad und Küche mitgenommen oder zerschlagen. Es war ein Bild der Verwüstung, desolat und trostlos.

Wir waren zugleich entsetzt und fasziniert. Wer hatte diese Villa gebaut und warum wurde sie verlassen? Und was könnte man noch daraus wieder neu gestalten? Vielleicht könnte man die Villa wiederherstellen und zu einem kleinen Konferenzort machen, wo Menschen einkehren und zur Ruhe kommen können? Begeistert malten wir uns aus, welches Potenzial in dieser Ruine steckte.

Zurück im Ort sprachen wir eine Frau an, die gerade ihre Fenster putzte. Sie sprach Französisch, was eine Herausforderung für uns war, dennoch nicht eine solche, als wenn sie nur Griechisch gesprochen hätte. Von der großen Villa wusste sie uns zu erzählen, dass diese das Bauprojekt eines sehr vermögenden Griechen gewesen war. Während sein vornehmes Haus am Rande des einfachen Dorfes Gestalt annahm, wurde im Ort lebhaft darüber spekuliert, wer das sein könnte, der sich eine solche Villa leisten konnte. Die Bewohner hatten genau registriert, was alles geliefert wurde – die teuren Fliesen, der kostbare Marmor, das handgeschnitzte Treppengeländer. Tief beeindruckt war man auch von dem enormen Schwimmbad gewesen, das in den Felsen gehauen wurde, und man bewunderte den wunderschönen Garten mit seiner subtilen Beleuchtung in den exotischen Blumenbeeten hinter dem großen, künstlerisch gestalteten eisernen Tor.

Es lief alles gut – bis die finanzielle Krise kam. Der Besitzer konnte sein Bauprojekt nicht vollenden, es fehlte ihm das Geld. Die Villa fiel an die Bank und die Bank schaffte es nicht, einen Käufer für sie zu finden. So verlor in relativ kurzer Zeit ein stolzer, reicher Mann seinen Besitz. Von der imponierenden Villa, die ihm Glück und Ansehen hätte bringen sollen, ist heute nicht mehr als ein Schatten übrig. Wie es ihm selbst geht, wo er hingezogen ist, konnte niemand uns erzählen.

Menschliche Sicherheiten erweisen sich oft als zerbrechlich.

Lass mich erkennen, wie vergänglich ich bin.
(Psalm 39,5; NGÜ)

20 Dolores

Sie hat gute zwanzig Jahre lang als Prostituierte gelebt. Es hatte alles angefangen, als sie in ihrer Heimat in Südamerika einen Niederländer kennenlernte, der ihr sagte, dass er ihr helfen könne, eine neue Zukunft aufzubauen. Sie war eine alleinstehende Mutter und lebte mit ihren Kindern und der Oma in armseligen Verhältnissen. Der nette Niederländer sagte ihr, dass sie in seiner Heimat gut verdienen könne. Er würde ihr dort eine Arbeitsstelle besorgen, die ihr genügend Geld verschaffen würde, um den Lebensunterhalt für ihre Kinder zu bezahlen. Außerdem würde sie in etwa drei Jahren genügend Geld ansparen können, um nach Südamerika zurückzukehren und dort mit ihrem Ersparten ein kleines Geschäft aufzubauen. Ihre Flugreise nach Amsterdam würde er vorübergehend für sie bezahlen. Die Oma bot an, für die Kinder zu sorgen.

Es war fast zu schön, um wahr zu sein. Es war auch nicht wahr. Erst in den Niederlanden wurde Dolores klar, was ihre Arbeit beinhaltete. Ihr Bekannter ließ sich nicht mehr blicken; ein Kompagnon brachte sie direkt vom Flughafen ins Prostituiertenviertel in Amsterdam, wo sie ein winziges Zimmer erwartete. Er nahm ihr den Reisepass ab und sagte ihr, dass es sinnlos sei, wenn sie einen Kunden um Hilfe bitten oder irgendwie die Polizei verständigen würde. Sie war ja illegal in den Niederlanden und konnte sich zudem ohne Reisepass nicht identifizieren. Er sagte ihr auch, dass er sie jeden Tag aufsuchen würde, um ihre Verdienste einzukassieren.

Ich begegnete Dolores in den Jahren, als ich beim niederländischen Fernsehen tätig war und wir eine Dokumentation über Prostitution drehten. Dolores war unser Gast. Eigentlich drehte sich die ganze Dokumentation um ihre Lebensgeschichte und um das Wunder, dass sie gut zwanzig Jahre Prostitution (worin sie etwa zehn Mal zu einer Abtreibung gezwungen wurde) überlebt hatte. Es waren in diesen Jahren immer wieder zwei ältere Frauen an ihrem Fenster vorbeigegangen. Sie brachten ihr kleine Geschenke – eine Seife oder etwas Süßes zum Essen. Wenn Dolores keine Kunden hatte, kamen sie kurz in ihr Zimmer. Und immer umarmten sie sie beim Abschied und beteten für sie.

Die Besuche der beiden alten Damen taten Dolores unendlich gut. Von ihnen fühlte sie sich angenommen; sie gewann Vertrauen in die beiden und freute sich auf sie. Vor allem die gemeinsamen Gebete waren ihr ein großer Trost. Zwar stammte Dolores aus einem katholischen Hintergrund, das alles hatte sie aber hinter sich gelassen. Dass sie als Prostituierte von diesen unbekannten Frauen und von Gott gesehen und geliebt war, konnte sie kaum fassen.

Im Laufe der Zeit ging wurde es in Dolores' Leben hell. Es kam der Moment, in dem sie sich Gott anvertraute und mit Hilfe der beiden alten Damen aus der Prostitution befreit werden konnte. An einem sicheren Ort, weit weg von Amsterdam, folgte ein langer, mühsamer Weg von Genesung und Anpassung. Ja, es dauerte Jahre, bis ihre emotionalen Wunden geheilt waren und sie es schaffte, ihre Vergangenheit hinter sich zu lassen.

Der Apostel Paulus sagte einmal, dass Menschen, die sich Christus anvertrauen, neu werden. Dolores ist der Beweis dafür, dass diese Worte wahr sind. Ich begegnete in ihr einer besonderen Frau, die eine seltsame Lauterkeit ausstrahlte. Nichts in ihrem Wesen erinnert an die vielen Jahre, in denen sie fortwährend gedemütigt und missbraucht wurde. Heute ist sie eine ausgeglichene Person und strahlt eine große Liebe für Jesus aus. Gemeinsam mit ihrem Mann (ja, sie hat geheiratet!) ist sie aktiv in der christlichen Gemeinde an ihrem Wohnort.

Ist jemand in Christus, so ist er eine neue Schöpfung; das Alte ist vergangen; siehe, es ist alles neu geworden!
(1. Korinther 5,17)

21 Zuerst danken wir ...

Ihre Umstände waren elend. Während eines Aufenthalts im Krankenhaus wurde ihr einfach mitgeteilt, dass man sie im Altersheim, wo sie ein Zimmer hatte, nicht mehr unterbringen konnte. Sie sei ein zu schwerer Pflegefall geworden. So wurde in aller Eile eine neue Unterkunft gesucht, und sie landete schließlich in einem Heim, das weit entfernt war von ihrer vertrauten Umgebung und von der Gemeinde, wo sie viele Freunde hatte. Dort hatte man Platz für sie geschaffen in einem Vierbettzimmer auf einer geschlossenen Abteilung für demente Menschen. Für sie war das nicht der richtige Platz, denn Eva war nicht dement, sie war nicht einmal vergesslich. Sie war nur schwach und physisch abhängig von der Hilfe anderer Menschen.

Als ich sie zum ersten Mal in der neuen Unterkunft besuchte, war ich tief erschüttert. Dass man mir die

Tür aufmachen musste, weil diese Abteilung geschlossen war, war nicht das Schlimmste. Was mich wirklich überfiel, waren die Unruhe und der Lärm. Es war, als liefe ich direkt in ein Sturm hinein. Der Fernseher lief, es schlurften Menschen umher, es wurde gerufen, geschrien sogar. Das Durcheinander war groß.

Ich war noch keine drei Schritte gegangen, da klammerte sich eine Frau im Rollstuhl an mich: »Können Sie mir vielleicht helfen?« Als ich sie fragte, was ich für sie tun könnte, kam ein großer Jammerschrei: »Man hat mir mein Nachthemd versteckt und ich muss ins Bett. Kann mein Nachthemd nicht finden …« Ohne meine Antwort abzuwarten, ließ sie mich los und bewegte sich samt Rollstuhl in die Richtung des Aufenthaltsraumes: »Kann mir jemand helfen? Warum hilft mir niemand? Bitte, Schwester … Kann mir jemand …?« Ihr Rufen ging durch Mark und Bein, doch schien sich niemand daran zu stören. Ebenso wenig schien es die Menschen zu stören, dass eine Mitbewohnerin, ein Putztuch in der Hand, alles, was sie sah – ob Teller, Möbel, Fenster, Zeitschriften, Rollstühle oder Mitpatienten – zwanghaft abwischte. Ständig in Bewegung, ständig am Putzen, nahm sie nichts und niemanden wahr. Als eine Krankenschwester versuchte, sie auf andere Gedanken zu bringen, reagierte sie aufgewühlt und aggressiv.

Von dem Moment an, als ich die Abteilung betreten hatte, wurde ich zielstrebig verfolgt von einem Patienten, der offensichtlich seine Hoffnung auf mich gesetzt hatte. »Helfen Sie mir«, flüsterte er. »Helfen Sie mir, hier zu entkommen. Ich gehöre hier nicht hin, ich bin eingesperrt. Bitte …!« Auf das Rufen einer Schwester, dass er sofort aufhören sollte, reagierte er erschrocken und zog sich zurück. Aber das hielt nur kurz an. Immer wieder tauchte er bei mir auf und flüsterte eindringlich: »Helfen Sie mir, ich bin gefangen …!«

Dann fiel mir eine noch junge Frau auf. Sie lag in einer Foetushaltung auf einem speziellen Liegestuhl, den man vor dem Fernseher platziert hatte. Sie befand sich offensichtlich in der letzten Phase der Alzheimerkrankheit. Das Fußballspiel, das gerade (laut) übertragen wurde, schien sie nicht zu stören. Dennoch – ich wünschte ihr eine friedlichere Umgebung.

Dann sah ich sie. Unsere liebe Eva. Inmitten aller Wirbel saß sie am Tisch und las. Sie war in sich gekehrt, sie hatte sich innerlich abgesondert von allem Getue um sie herum. Es war, als befände sie sich auf einer Insel der Ruhe. Rundum tobten die Wellen und dröhnte ein Sturm; sie aber war sicher und geborgen.

Als ich sie begrüßte, strahlte sie vor Freude. »Das ist ja eine große Überraschung, dass du gekommen bist; ich hatte nicht mit Besuch gerechnet«, sagte sie mir. Ich atmete tief durch und setzte mich zu ihr. »Ich bin froh, dass ich Sie gefunden habe«, sagte ich. »Das war doch etwas, dass Sie so plötzlich umziehen mussten, und das in eine vollkommen neue Umgebung ...«

Eva unterbrach mich. »Der Herr hat für mich gesorgt«, sagte sie. »Er hat mich noch nie im Stich gelassen. Es sah danach aus, dass ich nirgendwo hinkonnte, dann aber war hier noch ein Platz frei ...« Gleich faltete sie ihre Hände. »Bevor wir weiterreden«, sagte sie, »ist es gut, wenn wir unserem Gott gemeinsam dafür danken, dass ich ein Dach über dem Kopf habe und hier wohnen kann.« Darauf geschah ein Wunder. Als wir unsere Augen schlossen und unsere Hände falteten und Eva ihre ersten Dankesworte an Gott aussprach, wurde es still – nicht im Raum, sondern in meinem Herzen. Diese alte Dame, die ihr Leben lang mit Gott gelebt hatte, war nicht zu erschüttern. Gott war ihr Zufluchtsort, er war ihre Stärke. Ihr innerer Frieden tat mir unendlich gut.

Eva hat nicht sehr lange in diesem Pflegeheim ge-
wohnt. Eines Tages erlitt sie – kurz nachdem sie sich
von einem Besuch verabschiedet hatte – einen schweren Herzinfarkt und starb. Im Pflegeheim hat man
nach ihrem Tod noch lange über sie gesprochen. Nicht
nur ihre Dankbarkeit hat die Menschen verwundert;
das Wesen und die Art dieser Frau wurde den Menschen zum Segen. Wie gut und heilsam ist es, wenn
man es lernt, Gott unter allen Umständen zu danken.

Sagt allezeit für alles dem Gott und Vater Dank im
Namen unseres Herrn Jesus Christus!
(Epheser 4,20)

22 Muffin

O nein, dachte ich. Bloß das nicht! Ein Hund folgte mir schon einige Zeit auf dem Fuß. Es sah so aus, als sei er fest entschlossen, bei mir zu bleiben. Ein paar Mal überholte er mich, dann blickte er zurück und lief schwänzelnd wieder auf mich zu. Er war ein lieber Kerl, ich schätze, nicht älter als sechs oder sieben Monate. Und er war allein. Von Menschen verlassen oder fortgejagt, wie viele Hunde – und auch Katzen – im Süden Europas, wo ich meinen Urlaub verbrachte.

Ich weiß, dass es nicht vernünftig ist, im Urlaub damit anzufangen, streunende Tiere zu füttern. Aber dieser Hund war etwas Besonderes. Er hatte eine so liebe Art, war auch so herrlich unbefangen. Als er auf dem Weg eine Plastikflasche fand, fing er an, damit zu spielen. Als wir beim Meer ankamen, grub er seinen Kopf immer wieder in das trockene Seegras am Strand und machte sich daraus ein Spiel. Immer wieder blickte er zu mir auf und vermittelte mir mit seinen glänzenden Augen, wie toll das alles war und ob ich nicht vielleicht mitmachen wollte? Seine fröhliche Miene verwunderte mich, denn der Hund konnte nicht richtig laufen. Seine linke Hinterpfote hing schlaff am Körper. Der Grund dafür war offensichtlich: Die Hüfte war ausgekugelt, und das vermutlich schon länger, denn die Pfote war verkümmert und die Nägel unnatürlich lang gewachsen, weil sie nicht abgeschliffen worden waren.

Ich setzte mich auf einen Felsen und gleich war der Hund da und kuschelte sich an mich. Während ich ihn streichelte, entdeckte ich an der linken Pfote eine gemeine Narbe. Der Hund war anscheinend angekettet gewesen und die Kette, die zu eng gewesen sein muss, hatte sich so tief ins Fleisch eingeschnitten, dass die Spuren der einzelnen Kettenglieder deutlich sichtbar waren. Es war fast unglaublich, dass der Hund durch diese Erfahrungen nicht so scheu geworden war, dass er Menschen aus dem Weg ging. Stattdessen schmiegte er sich an Vorübergehende an. Und hatte Lust am Leben. Trotz seiner Schmerzen, denn eine ausgekugelte Hüfte ist kein Pappenstiel.

Als ich den Strand verließ und den steilen Pfad zur Straße zurückging, lief der Hund mit. Es fiel ihm schwer, bergauf zu gehen. Seine Zunge hing aus seinem Maul und er musste immer wieder anhalten, um neue Kräfte zu sammeln. Ein paar Mal legte er sich vorsichtig hin, so, dass die kaputte Pfote und Hüfte geschont wurden. Er wirkte fast wie ein Schlangenmensch, es waren wunderliche Kapriolen, die er auf dem steilen Bergpfad leistete. Ich hielt ebenfalls an und wartete auf den Hund; was sollte ich sonst tun? Es berührte mich, mit welcher Anhänglichkeit er sich bemühte, mitzukommen. Schweren Herzens dachte ich daran, dass ich in nur zwei Tagen abreisen würde. Wie sollte das weitergehen, ich konnte ihn doch nicht mitnehmen!

Zu guter Letzt wurde ich ihn durch einen Trick los. Von oben sah ich, wie er verwundert um sich schaute, weil er auf einmal wieder alleine war. Feige machte ich mich aus dem Staub. Aber in meinem Herzen wurde ich den süßen kleinen Hund mit seinem weichen Fell nicht los. In Gedanken hatte ich ihm auch schon einen Namen gegeben, »Muffin«, nach dem weichen Gebäck, das man in England oder auch in Amerika gerne isst. Ich war fest entschlossen, ihm zu helfen.

Über den kleinen Supermarkt am Ort, wo wir ver-
blieben, bekam ich die Telefonnummer eines Tier-
arztes in der Stadt Korfu. Es ergab sich ein Gespräch
mit dem Sohn des Supermarktbesitzers, der selbst
einen Hund hatte. Er erzählte mir, dass er gerade
seine Arbeitsstelle verloren habe. Somit gehörte er zu
den 50 % der jungen Menschen in Griechenland, die
arbeitslos sind. Er hatte vor, nach England auszurei-
sen, in der Hoffnung, dort als Kellner oder Bauarbei-
ter etwas Geld zu verdienen. Die Aussichtslosigkeit
seiner Situation berührte mich tief. Das war doch eine
ganz andere Größenordnung als ein Hund mit einer
ausgekugelten Hüfte. Trotzdem war auch dieser junge
Mann von Muffins Geschichte berührt.

Am nächsten Tag ging ich zum Bungalowpark, wo
ich Muffin getroffen hatte – oder war es umgekehrt?
Die Dame in der Rezeption wusste gleich, worum es
ging, weil der junge Hund täglich auf dem Gelände
herumstreunte. Auch sie hatte ihn ins Herz geschlossen und schon bei einer Organisation nachgefragt, die
sich um streunende Katzen und Hunde kümmert, aber
dort war kein Platz mehr. Eine Operation war in ihren
Augen zu kostspielig.

Dann ging auf einmal alles sehr schnell. Der Tierarzt,

dessen Telefonnummer ich im Supermarkt bekommen hatte, wurde angerufen. Er bot an, den Hund kostenlos zu behandeln. Die Dame an der Rezeption wollte sich persönlich darum kümmern, dass der Hund zur Tierklinik käme und ein neues Zuhause finden würde. Eine deutsche Touristin, die ihren Urlaub im Park verbracht hatte, hatte sogar eine Patenschaft für Muffin angeboten. Erleichtert verabschiedete ich mich und kehrte zu meinen Freunden zurück.

Am Montagmorgen war der Urlaub vorbei. Als unser Flieger vom Flughafen in Korfu-Stadt aufstieg und die Kurve über die Insel machte, suchte ich die Bucht, wo sich nicht nur Muffin, sondern auch der arbeitslose junge Grieche aufhielt. Das war natürlich ein sinnloses Unterfangen, denn Buchten gibt es überall entlang der korfiotischen Küste und sie sind alle traumhaft schön. Dennoch verbergen sich hinter der Schönheit dieser Insel dieselben Probleme, die es überall in der Welt gibt. Arbeitslosigkeit, Krankheit, Einsamkeit, Verzweiflung und Tierquälerei.

Zu dir hebe ich meine Augen auf, der du im Himmel thronst (…) Herr, sei uns gnädig.
(Aus Psalm 123)

23 Von allen vergessen

Am 22. November 2013 gedachte die ganze Welt an das Leben und Sterben zweier großer Männer, die vor genau 50 Jahren gestorben waren: John F. Kennedy und C. S. Lewis. An demselben Montag erstatteten Zeitungen in den Niederlanden Meldung von dem Sterben einer völlig unbekannten Frau. Sie wurde 1929 geboren, lebte einige Jahre im ehemaligen Niederländisch-Ostindien und starb 2003 einsam und allein in einer Wohnung in Rotterdam. Warum gedachte man ihrer erst jetzt, 2013? Die traurige Antwort ist: Sie war gerade erst aufgefunden worden, zehn Jahre nach ihrem Sterben! Zehn Jahre hatte diese Frau tot in ihrer Wohnung gelegen und niemand hatte es bemerkt. Jetzt aber machte ihre Geschichte Schlagzeilen in der Zeitung. So viel Aufmerksamkeit hatte sie wahrscheinlich in ihrem ganzen Leben nicht erfahren.

Wie kann es sein, dass jemand in einer solchen Anonymität stirbt, so dass niemand davon etwas mitbekommt? Dass jemand zehn Jahre lang von niemandem vermisst wird, nicht einmal vom Postboten? Wenn nicht die Nachbarn oder Vermieter, dann hätten doch zumindest Behörden oder Dienstleistungen wie die Energieversorgung, die Versicherungen, die Bank oder das Finanzamt etwas wittern müssen? Dass dies nicht geschah, wurde im Zeitungsbericht damit erklärt, dass heute vieles automatisch geschieht. Die Rente wird automatisch auf das Bankkonto überwiesen, ebenso geht es mit der Bezahlung der Miete, der Versicherung, der Zeitung oder der Telefonrechnung. Wer soll bei der Post bemerken, dass nicht mehr telefoniert wird, wenn die Gebühren immer rechtzeitig bezahlt werden? Wie soll der Vermieter merken, dass die Mieterin verstorben ist, wenn die Miete jeden Monat pünktlich überwiesen wird und keine Probleme gemeldet werden? Das ist die tragische Kehrseite der modernen Gesellschaft. Die Automatisierung und vieles andere, was als Fortschritt oder Gewinn betrachtet wird, kann eine starke Bedrohung für die Mitmenschlichkeit sein. Was sagt uns der Fall der Frau, die zehn Jahre lang unentdeckt in ihrer Wohnung lag, über die

Nachbarn, den Hausarzt, das Ladenpersonal? Es muss doch Menschen gegeben haben, die sie vermissten? Es kann doch nicht sein, dass Menschen dermaßen mit ihrem eigenen Leben und Alltag beschäftigt sind, dass sie nicht einmal mehr wahrnehmen, was in der direkten Umgebung passiert?

Ich war eine Zeit lang völlig gefangen von dieser Geschichte. Immer wieder versuchte ich, mir die Situation dieser Frau vorzustellen. Es gelang mir aber nicht. Wir leben doch nicht im Dschungel, wir leben in einer zivilisierten Gesellschaft! Wie um Himmels willen ist es möglich, dass jemand zehn Jahre lang tot in seiner Wohnung liegt? Es ist erschreckend und unglaublich, dass so etwas möglich ist.

Während die Zeitungen immer wieder Neues über den Vorfall veröffentlichten, meldete sich unerwartet eine Tochter der verstorbenen Frau. Die Geschichte ihrer Mutter ließ uns in eine Vergangenheit blicken, in der tiefe Wunden geschlagen wurden. Wir erfuhren von einem Internierungslager im ehemaligen Niederländisch-Ostindien. Von einer Schwangerschaft dort, mit 16 Jahren, und von der Tochter, die geboren wurde, die sie aber nie annehmen und lieben konnte. Die Beziehung zwischen Mutter und Tochter war seit über

20 Jahren ernsthaft gestört. Vor gut zehn Jahren versuchte die Tochter noch, Zugang zu ihrer Mutter zu finden. Sie stand am Muttertag mit einem Blumenstrauß vor der Tür, wurde aber fortgeschickt. Danach kam sie noch einmal, aber die Tür wurde nicht geöffnet. Damals muss ihre Mutter schon nicht mehr am Leben gewesen sein.

In der Adventszeit 2013, einige Wochen nach der traurigen Entdeckung, war die Geschichte der unbekannten Frau schon wieder in Vergessenheit geraten. Die Menschen hatten alle Hände voll zu tun mit den Vorbereitungen für das Weihnachtsfest. In den Zeitungen machte der Tod von Nelson Mandela am 5. Dezember 2013 Schlagzeilen. Sein Tod und alles rundherum war nun weltweit das Thema. Eine kurze Nachricht in der Zeitung fiel in all dem Treiben kaum auf: Ein Mann wurde in seinem Haus aufgefunden – er war vor drei Monaten gestorben. Und niemand, nicht einmal die Nachbarn von gegenüber, die ihn eigentlich kannten, hatten es bemerkt.

Jeder schaue nicht auf das Seine, sondern jeder auf das des anderen.
(Philipper 2,4)

24 Sorella Eleonora

In den Jahren, die ich im Medienbereich tätig war, machte ich unter anderem eine Rundfunkserie über das Leben und die Erfahrungen niederländischer Frauen, die nach ihrer Hochzeit in das Heimatsland ihrer Ehemänner gezogen waren. Wir beschränkten uns auf die Länder, die zur Europäischen Union gehören, und so reiste ich mit einer Mitarbeiterin kreuz und quer durch Europa. Es waren faszinierende Reisen und Begegnungen.

In Italien erlebte ich ein besonderes Abenteuer, an das ich gern zurückdenke. Man hatte meine Mitarbeiterin und mich je bei einer Familie untergebracht, die nur italienisch sprach. Es war eine radikale Maßnahme oder vielleicht eher eine Feuerprobe, ähnlich der, die unsere Niederländerin erlebt haben muss, als sie vor Jahren nach Italien heiratete. Wir mussten uns ohne Hilfe von außen alleine in einer italienischen Familie und Umgebung zurechtfinden.

Meine Gastgeber waren ein Elternpaar mittleren Alters, das mit seinen zwei fast erwachsenen Kindern in einer Wohnung im Zentrum der Stadt lebte. Ich glaube, dass auch noch eine Oma im Haus war, aber sicher bin ich mir nicht mehr. Die Familie hatte kein Gästezimmer, darum war für mich ein Bett im Esszimmer aufgestellt worden. Es stand direkt neben dem Tisch mit Aussicht auf die Tür aus Mattglas. Als ich am ersten Abend von meinem Bett aus immer wieder menschliche Gestalten im Gang vorbeigehen sah, war mir bewusst, dass ich, wenn ich das Licht in meinem Zimmer anknipste, nicht ungesehen war, sondern mich in einer Art Schaufenster befand.

Die Familie war herzlich und freute sich offensichtlich darüber, einen Gast im Haus zu haben. Es war ihnen nichts zu viel, ich musste nur fragen. Nun, da lag das Problem. Nicht, dass mir etwas gefehlt hätte, denn ich wurde überladen mit Köstlichkeiten aus der Küche und morgens wie auch abends freudevoll umarmt und auf beiden Wangen geküsst. Das Problem lag in der Kommunikation, denn Italienisch kann ich nicht und meine Gastgeber kannten keine Fremdsprachen.

Mit basalen Dingen – »*Buon giorno*« – Guten Morgen, »*Buona notte*« – Gute Nacht, »*Grazie*« – Dankeschön, oder »*Mille grazie*« – tausendmal Dank, war ich gut zu Fuß. Beim Weggehen rief ich »*Ciao!*« und so zwischendurch fragte ich mal »*Come va?*« – Wie geht es Ihnen? Dass ich seit meiner Kindheit weiß, dass Eis auf Italienisch »*gelato*« heißt, half mir in dieser Situation nicht wirklich.

Wir »sprachen« trotz allen Hindernissen viel miteinander durch Mimik und mit großen Gebärden. Die Bibel kam auch zum Einsatz: Wir zeigten einander einen Text oder ein Wort und … verstanden uns. Die Kommunikation mit dieser lieben Familie war ein lebhaftes Durcheinander, wir haben sehr viel gelacht. In diesen Tagen habe ich auch einen neuen Namen bekommen: *Sorella Eleonora* oder Schwester Eleonora, so wie das üblich war in der christlichen Gemeinde dieser Familie.

Als ich eines Tages nach den Rundfunkaufnahmen nach Hause kam, wehte mir der Geruch frisch gebackener Mehlspeisen entgegen. Die Familie erwartete mich mit Kaffee, Kuchen und italienischen Mandelkeksen in der Küche. Der große Tisch war festlich gedeckt, die Masse der kulinarischen Köstlichkeiten, die man bereitgestellt hatte, überwältigend. Alles war selbst gebacken und alle Familienglieder schauten mich erwartungsvoll an.

Ich warf alle Gedanken an Fett und Kalorien über Bord und ließ es mir gut schmecken. Der Familie versuchte ich mit Handbewegungen, einem anerkennenden Zungenschnalzen und einem wiederholten und langgezogenen »Mmmmmmm« zu vermitteln, wie köstlich das alles war. Dass meine Bewertung sehr gut ankam, entdeckte ich später. Es war vor allem meine betonte Begeisterung über die Mandelkekse, die tiefgreifende Folgen für mich hatte.

Am Tag meiner Abreise musste ich gegen sechs Uhr aufstehen, da der Flieger um zehn Uhr starten würde. Ich war noch tief im Schlaf, als mehrmals an meine Mattglastür geklopft wurde. Zuerst dachte ich, ich würde träumen, aber das wiederholte »*Sorella Eleonora*«, das aus dem Gang erklang, holte mich dann doch aus dem Schlaf. Es war Licht im Gang und durch das Mattglas meiner Tür sah ich die Statur meiner Gastgeberin. Als ich etwas beunruhigt zur Tür ging und diese öffnete, stand sie da, fertig angezogen und mit einer großen Schürze umgebunden. Deutlich aufgeregt bedeutete sie mir, mit ihr in die Küche zu gehen. Dort, im hellen Licht der Leuchtstoffröhre, hatte sich die ganze Familie versammelt. Auf dem Küchentisch stand eine große Schüssel, daneben hölzerne Löffel, ein Schneebesen und noch einiges mehr. Auf der Theke lagen Mehl, Eier, Mandeln, Butter ...

Auf der Küchenuhr war es noch nicht einmal fünf Uhr, als der Backunterricht anfing. Ich hatte mich inzwischen schnell angezogen und war, wie meine Gastgeberin, mit einer großen Schürze versehen. Noch halb im Schlaf habe ich Mehl und Butter gemischt, Eier getrennt, Mandeln gerieben und immer wieder dankbar gegrinst, und zwar mit größter Vorsichtigkeit, damit man nicht merken würde, dass ich eigentlich gähnte. Meine Rettung war, dass es zwischendurch ein paar Tässchen sehr schwarzen Espressos gab, so wie es ihn nur in Italien gibt.

An diesem frühen Morgen lernte ich von meiner italienischen Familie, wie man die von mir so heiß geliebten Mandelkekse backt. Es war ein so liebes Abschiedsgeschenk, dass ich es nie vergessen habe. Als ich einige Stunden später im Flieger saß, überlegte ich kurz, ob ich die frischgebackenen Leckereien in meinem Handgepäck unter meinen Mitpassagieren austeilen sollte. Das ließ ich schließlich doch bleiben, weil

doch niemand eine Ahnung davon hatte und von daher auch nicht richtig hätte schätzen können, wieviel
Arbeit für diese Kekse geleistet worden waren.

Für Bäcker wie für italienische Mamas empfinde ich
eine sehr große Hochachtung.

*Eine tugendhafte Frau – wer findet sie? (…) Bevor der
Morgen graut, ist sie schon auf; sie gibt Speise aus für
ihr Haus.*
(Sprüche 31,10 und 15)

25 An der Küste Donegals

Die Küste Donegals im Nordwesten der Republik Irland hat eine atemberaubend schöne Landschaft mit Felsen, hohen Klippen und einsamen Stränden. Ich finde sie am schönsten, wenn die Ginstersträucher in Blüte stehen. Selten habe ich diese Pflanzen so üppig blühen sehen wie auf den Hügeln in der Grafschaft Donegal.

Wer die Abgelegenheit oder Einsamkeit sucht, wer gegen Wind und Regen ankämpfen und kreischende Möwen hören will, wer danach seine durchnässte Kleidung bei einem glühenden Torffeuer in einem reetgedeckten Pub trocknen lassen und sich selbst aufwärmen will, der ist in Donegal am richtigen Platz. Es ist wild, es ist wüst, es ist wunderschön und bei bestimmtem Wetter vielleicht sogar ein wenig unheimlich.

In Donegal habe ich es zum ersten Mal gehört. Zuerst konnte ich das Geräusch nicht einordnen, denn es war mir unbekannt. Es war am Ende des Sommers, am späten Nachmittag, wenn sich der Tag neigt und es Abend wird. Die Sonne war fast untergegangen, es wurde langsam richtig frisch: Es war Zeit, ins Haus zu gehen. Was mich zurückhielt, war dieser unbekannte Klang, melodiös, etwas traurig, ja fast mysteriös. Er war wie ein Ruf, er erweckte eine unbestimmte Sehnsucht in mir.

Ich nahm mein Fernglas und blickte die Küste entlang. Dann entdeckte ich sie: eine Gruppe grauer Robben, die sich auf einigen flachen Felsen am Meer ausgebreitet hatten. Während das Meereswasser an die Steine leckte, lagen sie entspannt zusammen und meinten, unbeobachtet zu sein. Und so sangen sie unter freiem Himmel unbefangen ihr Lied. Ihr Gesang – wobei sich tiefe und hohe Töne abwechselten – war wunderschön und tief ergreifend, er ging durch Mark und Bein. Nie werde ich diese seltsame Erfahrung, die sich nicht in Menschenworte fassen lässt, vergessen.

Das Singen der Robben an der Westküste Irlands wurde für mich zu einem Höhepunkt in jenem Jahr. Es war solch ein Moment, wo der Mensch sich seiner

Kleinheit und Nichtigkeit bewusst wird und ihm nichts übrigbleibt, als Gott für das Wunder seiner Schöpfung zu danken und zu loben.

Herr, welche Vielfalt hast du geschaffen! In deiner Weisheit hast du sie alle gemacht. Die Erde ist voll von deinen Geschöpfen. Da ist der Ozean, groß und weit, in dem es von Leben aller Art wimmelt, von großen und kleinen Tieren. Ich will dem Herrn singen, solange ich lebe. Mit meiner Seele will ich den Herrn loben!
(Psalm 104, 24–25.33–35; NLB)

26 Der Viadukt-Mann, Teil 2

Sie sind nun fast am Ende dieses Geschichtenbuchs angekommen. Bevor sie es zuklappen, möchte ich noch kurz zurückkehren zu einer der Geschichten, die ich selbst nur schwer vergessen werde. Es ist die Geschichte des Mannes, der monatelang oben auf einer Überführung der Autobahn stand und mit zwei hölzernen Brettchen den Autofahrern winkte. Dass diese tragische Geschichte uns eine wichtige geistliche Lektion vermitteln, ja sogar als Gleichnis wirken könnte, war mir zunächst nicht aufgefallen. Ein Pastor in einem christlichen Freizeitzentrum im Schwarzwald, der meine Geschichte gehört hatte, machte das in einer kurzen Predigt deutlich. Mit seiner Zustimmung gebe ich seine Gedanken wieder:

In dieser, unserer Welt rasen unzählige Menschen auf der Autobahn des Lebens von einem Ort zum anderen. Sie haben es eilig und nehmen einander kaum wahr. Fixiert auf den eigenen Weg, achten sie auch kaum auf den winkenden Mann auf der Überführung. Natürlich, sie nehmen ihn wahr, aber warum er dasteht und was er vielleicht mit seinen Gebärden zu vermitteln versucht, beschäftigt sie nicht. Sie verstehen diesen Mann auch nicht, denn ihre Welt und Sprache sind die der Autofahrer, während der Mann auf der Überführung aus einer anderen Welt stammt, und zwar aus der Welt der Flieger. Dass dieser Mann ihnen, den Autofahrern, von der Überführung aus etwas zu sagen hat, ja ihnen sogar Anweisungen gibt, erahnen sie nicht. Ehrlich gesagt, interessiert es sie auch nicht, denn sie haben in ihrer eigenen Welt alle Hände voll zu tun.

Trotz der Gleichgültigkeit der Autofahrer bleibt der Mann dort oben. Er gibt nicht auf; jeden Tag steht er dort und winkt. Irgendwann kann ihn niemand mehr ignorieren oder leugnen, dass es ihn gibt. Manche machen sich lustig über ihn, andere fühlen sich bei dem Ganzen etwas unwohl. Warum fragt eigentlich niemand nach, was er den Autofahrern mit seinem Winken vermitteln will?

Die Zeit vergeht und man versucht den Mann auf der Überführung zu vergessen, aber es gelingt nicht wirklich. Was soll man mit ihm anstellen? Wirklich auf ihn zu achten oder ihn ernst zu nehmen, würde nichts bringen. Er sollte lieber mal mit seinem Winken aufhören, die Autofahrer kennen sich ja aus, sie brauchen keine »Anweisungen von oben«.

Aber wie gesagt, vergessen kann man den Mann auf der Überführung nicht. Warum sollte man auch? Er meint es anscheinend gut, er tut nichts Böses. Nun, ein Weihnachtsbäumchen kann man ihm doch schenken, damit es auch oben ein bisschen festlich wird.

Wer Ohren hat, der höre …
(Matthäus 13,9)

Das Hörbuch zum Buch

Noor van Haaften kann nicht nur schreiben. Sie kann
auch wunderbar vorlesen. Dieses Hörbuch enthält eine
sorgfältig zusammengestellte Auswahl einiger Geschichten
aus der gleichnamigen Buchvorlage. Ideal für alle, die Noor
van Haaften „*live*" erleben wollen. Und eine wunderbare
Geschenkidee.

Folgende Geschichten sind enthalten:

In Dublin′s fair city … · Kennen wir die? · Ein neues Lied ·
Erdbeben in der Nacht · Das Kästchen im Kleiderschrank ·
Der Viadukt-Mann · Immer gespannt auf das, was Gott vorhat ·
Von Liebe umgehauen · Der nette Nachbar · Das Zeltmeeting ·
Zuerst danken wir · An der Küste Donegals · Der Viadukt-
Mann, Teil 2

Noor van Haaften · Das Kästchen im Kleiderschrank
1 CD · ca. 75 Minuten · ISBN 978-3-95734-021-4

Verlagsgruppe Random House FSC®N001967
Das für dieses Buch verwendete FSC®-zertifizierte Papier *Munken Premium Cream*
liefert Arctic Paper Munkedals AB, Schweden.

Die Bibelstellen wurden, sofern nicht anders angegeben,
der folgenden Übersetzung entnommen:
Revidierte Elberfelder Bibel, © 1985/1991/2008 SCM R. Brockhaus
im SCM-Verlag GmbH & Co. KG, Witten. (ELB)

Außerdem wurde vereinzelt aus den folgenden Übersetzungen zitiert:
NLB – Neues Leben Bibel, © 2002/2005 SCM Verlag, Witten
NGÜ – Neue Genfer Übersetzung – Neues Testament und Psalmen,
Copyright © 2011 Genfer Bibelgesellschaft.

Folgende Beiträge sind bereits in anderen Publikationen der Autorin erschienen:
Das Leben feiern – aus: Dir gehört mein Lobgesang. SCM Collection, Witten
Von Liebe umgehauen – aus: Der Geschmack des Glaubens. SCM Collection, Witten
Glückselig die Sanftmütigen – aus: Der Geschmack des Glaubens. SCM Collection,
Witten
Zuerst danken wir … – aus: Ich suche dein Angesicht.
Verlag der Francke-Buchhandlung, Marburg
An der Küste Donegals – aus: Dir gehört mein Lobgesang. SCM Collection, Witten
[…] dein Angesicht.
Verlag der Francke-Buchhandlung, Marburg.
Abdruck mit freundlicher Genehmigung der Verlage.

© 2015 Gerth Medien GmbH, Asslar,
in der Verlagsgruppe Random House GmbH, München

1. Auflage 2015
Bestell-Nr. 817020
ISBN 978-3-95734-020-7

Umschlagfoto: Shutterstock
Umschlaggestaltung: Hanni Plato
Satz und Gestaltung: Greiner & Reichel, Köln
Druck und Verarbeitung: CPI – Ebner & Spiegel, Ulm
Printed in Germany